I0201542

Marcus Deminco

Dizem que a vida é para quem sabe viver, mas ninguém nasce pronto. A vida é para quem é corajoso o suficiente para se arriscar e humilde o bastante para aprender. (Clarice Lispector)

Copyright © 2017 — Marcus Deminco
Todos os Direitos Reservados | Salvador – Bahia – Brazil
ISBN: 978-1370409327
Independently Published

Formatação, Diagramação & Conversão para e-book
Marlon Bellator
md.bellator@gmail.com
Criação de Capa
Erick Cerqueira (Marketing & Design)
http://esc3d.com.br

D395s

Deminco, Marcus

  O Segredo de Clarice Lispector / Marcus Deminco. — 1ª ed. – Salvador :
Marcus Deminco, 2019.
  173 p.
  ISBN: 978-1370409327

1. Lispector, Clarice. 2. Literatura Brasileira – Memórias. 3. Escritores Brasileiros –
Biografia. I. Título.

CDD: 928.699
CDU: 821.134.3(81).09

  Ficha catalográfica elaborada pelo Sistema Universitário de Bibliotecas (SIBI/UFBA)

Proibida a reprodução total ou parcial, por qualquer meio ou processo, inclusive quanto
às características gráficas e/ou editoriais. A violação de direitos autorais constitui crime
(Código Penal, art. 184 e Parágrafos, e Lei nº 6.895, de 17/12/1980) sujeitando-se à
busca e apreensão e indenizações diversas (Lei nº 9.610/98).

O Segredo de Clarice Lispector

Marcus Deminco

Marcus Deminco

CLARICE,

Veio de um mistério, partiu para outro.
Ficamos sem saber a essência do mistério.
Ou o mistério não era essencial,
era Clarice viajando nele.
Era Clarice bulindo no fundo mais fundo,
onde a palavra parece encontrar
sua razão de ser, e retratar o homem.

O que Clarice disse, o que Clarice
viveu por nós em forma de história,
em forma de sonho de história
em forma de sonho de sonho de história
(no meio havia uma barata ou um anjo?)
não sabemos repetir nem inventar.
São coisas, são joias particulares de Clarice
que usamos de empréstimo, ela dona de tudo.

Clarice não foi um lugar-comum,
carteira de identidade, retrato.
De Chirico a pintou? Pois sim.
O mais puro retrato de Clarice
só se pode encontrá-lo atrás da nuvem
que o avião cortou, não se percebe mais.

De Clarice guardamos gestos. Gestos,
tentativas de Clarice sair de Clarice
para ser igual a nós todos
em cortesia, cuidados, providências.
Clarice não saiu, mesmo sorrindo.
Dentro dela
o que havia de salões, escadarias,
tetos fosforescentes, longas estepes,
zimbórios, pontes do Recife em bruma envoltas,
formava um país, o país onde Clarice
vivia, só e ardente, construindo fábulas.

Não podíamos reter Clarice em nosso chão
salpicado de compromissos. Os papéis,
os cumprimentos falavam em agora,
edições, possíveis coquetéis
à beira do abismo.
Levitando acima do abismo Clarice riscava
um sulco rubro e cinza no ar e fascinava.

Fascinava-nos, apenas.
Deixamos para compreendê-la mais tarde.
Mais tarde, um dia... Saberemos amar Clarice.

Visão de Clarice Lispector – Carlos Drummond de Andrade (Jornal do Brasil, 10/12/1977)

Marcus Deminco

Sumário

Gostaria de registrar os meus sinceros agradecimentos ao até então desconhecido, Pedro de Alcântara Andrade que – entre tantos escritores afamados e reconhecidos – me escolheu para transcrever toda esta história sobre o seu avô, Sr. Jovino Andrade, Helen Palmer e a escritora Clarice Lispector. Espero, verdadeiramente, que o livro tenha correspondido as suas expectativas, e honrado a confiança em mim depositada.

Prefácio

Rio de janeiro, 9 de dezembro de 1977 – dez e meia da manhã. Quando – em decorrência de um câncer e apenas um dia antes de completar o seu quinquagésimo sétimo aniversário – a prodigiosa escritora Clarice Lispector partia do transitório universo dos humanos, para perpetuar sua existência através das preciosas letras que transbordavam da sua complexa alma feminina, os inúmeros apreciadores daquela intrépida força de natureza sensível e pulsante ficavam órfãos das suas epifânicas palavras, enquanto o mundo literário, embora enriquecido pelos imorredouros legados que permaneceriam em seus contos, crônicas e romances, ficaria incompleto por não mais partilhar – nem mesmo através das obras póstumas – das histórias inéditas que desvaneciam junto com ela.

Entretanto, tempos depois da sua morte, inúmeras polêmicas concernentes a sua vida privada vieram ao conhecimento público. Sobretudo, após ter sido inaugurado, em Setembro de 1987, o Arquivo Clarice Lispector do Museu de Literatura Brasileira da Fundação Casa de Rui Barbosa – constituído por uma série de documentos pessoais da escritora – doados pelo seu filho, Paulo Gurgel Valente. E diante de cartões-postais, correspondências trocadas com amigos e parentes, trechos rabiscados de produções literárias, e outras tantas declarações escritas sobre fatos e acontecimentos, a confirmação de que entre agosto de 1959 a fevereiro de 1961, era ela quem assinava uma coluna no jornal Correio da Manhã sob o pseudônimo de Helen Palmer.

Decerto, aquilo não seria um dos seus maiores segredos. Aliás, nem era algo tão ignoto assim. Muitos – principalmente os mais próximos – sabiam até mesmo que, no período de maio a outubro de 1952, a convite do cronista Rubem Braga ela havia usado a identidade falsa de Tereza Quadros para assinar uma coluna no tabloide Comício. Assim como já se conscientizavam também, que a partir de abril de 1960, a coluna intitulada Só para Mulheres, do Diário da Noite, era escrita por ela como *Ghost Writer* da modelo e atriz Ilka Soares. Mas, indubitavelmente, Clarice guardava algo bem mais adiante do que o seu lirismo introspectivo. Algo que fugiria da interpretação dos seus textos herméticos, e da revelação de seus *Pseudos*. Um mistério que a própria lógica desconheceria. Um enigma que persistiria afora daqueles seus oblíquos olhos melancólicos.

Dizem, inclusive, que em Agosto de 1975, ela só teria aceitado participar do Primeiro Congresso Mundial de Bruxaria – em Bogotá, Colômbia – porque já estava completamente convencida de que aquela cíclica capacidade de renovação que lhe acompanhava, viria de algum poder supremo ao seu domínio, e bem mais intricado que os seus conflitos religiosos. Talvez seja mesmo verdade. Talvez não. Quem sabe descobriríamos mais a respeito, se nessa mesma ocasião – sob o pretexto de um súbito mal-estar – ela não tivesse, inexplicavelmente, desistido de ler o texto sobre magia que havia preparado para o instante da sua apresentação, e improvisado um discurso diferente.

Queria ser enterrada no Cemitério São João Batista, mas – em deferência aos costumes judaicos relativos ao *Shabat* – só pode ser sepultada no dia 11, Domingo. Sabe-se hoje que o seu corpo repousa no túmulo 123 da fila G do Cemitério Comunal Israelita no bairro do Caju, Zona Norte do Rio de Janeiro. Coincidentemente, próximo ao local onde a sua personagem Macabéa gastava as horas vagas. No entanto, como todos os grandes extraordinários que fazem da vida um passeio de aprendizado, deduz-se que Clarice tenha mesmo levado consigo uma fração de ensinamentos irreveláveis. Possivelmente, os casos mais obscuros, tais como os episódios mais sigilosos, partiram pegados ao seu acervo incriado, e sem dúvida alguma, muita coisa envolta às suas sombras jamais seriam desvendados. Como por exemplo, o verdadeiro motivo que lhe incitou a adotar um daqueles pseudônimos.

Sua existência foi insondável, e seus interesses tão antagônicos quanto vorazes: com ela, fé e ceticismo caminhavam ao lado do medo, e da angústia de viver. Sentia-se feliz por não chorar diante da tristeza, alegando que o choro a consolava. Era indiferente, mas humanista. Tediosa e intrigante; reservada e intimista; nativa e estrangeira; judia e cristã; lésbica e dona de casa; homem e mãe de família; bruxa e santa. Ucraniana, brasileira, nordestina e carioca. Autoridades asseguravam que ela era de direita, outras afirmavam que ela era comunista. Falava sete idiomas, porém sua nacionalidade era sempre questionada. Ao nascer, foi registrada com o nome de *Chaya Pinkhasovna*, e morreu como Clarice Lispector.

Mas afinal de contas, por que a autora brasileira mais estudada em todo o mundo era conhecida pelo epíteto de *A Grande Bruxa da Literatura Brasileira*? Que espécie de vínculo Clarice teria estabelecido com o universo mágico da feitiçaria? Por que seu próprio amigo, o jornalista e escritor Otto Lara Resende advertia sempre alguns leitores: "Você deve tomar cuidado com Clarice. Não se trata apenas de literatura, mas de bruxaria"?

Certamente, ainda hoje, muitos desconheçam completamente, o estreito envolvimento que a escritora mantinha com práticas ligadas ao ocultismo, assim como o seu profundo interesse na magia cabalística. Para outros, inclusive, aquela sua participação em uma Convenção de Bruxas, seria apenas mais uma – entre as tantas invenções – que permeavam o imaginário fantasioso do seu nome.

Inobstante, Clarice cultivava diferentes hábitos místicos. Principalmente, atrelados a crendices no poder de determinados números. Para ela, os números **5**, **7** e **13**, representavam um simbolismo mágico, uma espécie de identidade cármica. Durante o seu processo criativo, café, cigarros e a máquina de escrever sobre o colo, marcando sempre **7** (sete) espaços entre cada parágrafo inicial. E, por diversas vezes, não hesitava em solicitar a amiga Olga Borelli para concluir os últimos parágrafos dos seus textos que, inevitavelmente, inteirassem as páginas de número **13**.

Ela própria escreveu: "O sete é o número do homem. A ferida mais profunda se cura em sete dias se o destruidor não estiver por perto [...] O número sete era meu número secreto e cabalístico". Há sete notas com as quais podem ser compostas "todas as músicas que existem e que existirão"; e há uma recorrência de "adições teosóficas", números que podem ser somados para revelar uma quantia mágica. O ano de 1978, por exemplo, tem um resultado final igual a sete: $1 + 9 + 7 + 8 = 25$, e $2 + 5 = 7$. "Eu vos afianço que 1978 será o verdadeiro ano cabalístico. Portanto, mandei lustrar os instantes do tempo, rebrilhar as estrelas, lavar a lua com leite, e o sol com ouro líquido. Cada ano que se inicia, começo eu a viver outra vida."

E, muito embora ela tenha morrido apenas algumas semanas antes de começar o então ano cabalístico, sem dúvida alguma, todos esses hábitos ritualísticos, esclareceram a verdadeira razão pela qual – aceitou com presteza e entusiasmo – o inusitado convite do então escritor e ocultista colombiano, *Bruxo Simón*, para participar – como palestrante/convidada – do Primeiro Congresso Mundial de Bruxaria organizado por ele.

CAPÍTULO 1

ATORMENTAÇÃO

14 de dezembro de 1958
20h15min

Camisola escura cetinosa, cabelo bagunçado, maquilagem borrada e o corpo todo retesado em frente à máquina de escrever. Respiração anelante, testa franzida, pescoço rígido e o olhar túrgido tentando esquivar-se das letras, números e dos sinais marcados nas teclas sujas, aclaradas pela baixa luz amarelada de um pequeno abajur de porcelana justaposto acima de uma cômoda rústica com quatro gavetas fechadas.

Pupilas dilatadas, batimentos cardíacos acelerados, aumento frenético da tensão arterial e as glândulas suprarrenais secretando abundantes quantidades de adrenalina. Músculos das pernas contraídos, minimização do fluxo sanguíneo no intestino, pés formigando sobre o piso frio da noite, pontadas finas na parte inferior do abdômen e uma das mãos tremulando – levando e trazendo do cinzeiro tomado de baganas – mais um cigarro ao toco do filtro até as bordas dos lábios umedecidos por um vinho barato.

Não era a primeira vez que Helen experimentava da desagradável sensação de mediocridade e mesmo prevendo que depois daquela duradoura inércia, tudo voltaria ao normal, uma dúvida temerosa coagia-lhe a pensar que dessa vez seria diferente. Sentia-se impossibilitada, achava-se incapaz de exceder o limite de seus embaraços. Tinha a desgostosa impressão de ter virado prisioneira perpétua de sua própria história. Via-se completamente atada. Atravancada no maldito décimo terceiro capítulo. Como se existisse entranhado – no futuro desenrolar daquela nova trama – algum entrave, alguma motivação negativa impedindo-lhe de continuar escrevendo.

Exasperada, deu mais um gole no gargalo, puxou um trago forte e detrás da nuvem de fumaça expirada inquietamente, entreviu a página em branco – esperando pelas próximas palavras que haviam desaparecido junto ao seu sossego. Nada mais parecia lhe fazer o menor sentido. Em sua cabeça perturbada, vagueavam agora turbilhões de pensamentos desconexos. Suas ideias tornavam-se imprecisas, suas intenções enturvadas e as suas faculdades tão desorganizadas quanto aquela imensa bagunça acumulada em pedaços e mais pedaços de papéis amassados, pelo chão imundo daquele modesto quarto de pensão que tinha escolhido para esconder-se.

Com a mente exaurida, as emoções perturbadas e os nervos aflorados, sentiu uma atroz vontade de chorar, mas segurou o pranto contraindo os maxilares com os dentes. Exaltada, e atribulada pela inércia, quis gritar sua agonia até que as veias da garganta explodissem para fora. Contudo, engoliu a raiva, calando-se. Uma angústia sufocava-lhe as paredes da cavidade torácica, dificultando a completa entrada de ar nos pulmões. Surgia uma mágoa indefinida, uma ansiedade por alguma coisa desconhecida, algo que fatalmente aconteceria sem que ela pudesse fazer nada para deter.

Irascível e atormentada por aquela colérica debilidade que se alastrava por turbulentos dias a fio, conteve-se do impulso primitivo de lançar a máquina pela janela. Externando variadas algolagnias passivas, chegou a empunhar um estilete de grafite com a ponta afiada e, mesmo bastante desatinado, desistiu da vontade quase incontrolável de cravá-lo no peito. Queria mutilar-se, castigar-se. Precisava desesperadamente extravasar a sua ira, manifestar a sua raiva.

Arrebatada por uma fúria indistinguível, recolheu os dedos e cogitou socar-se na ossada de um dos supercílios, mas também conseguiu controlar-se. Pensou em arranhar as laterais do rosto com as unhas, ensaiou puxar os cabelos, morder-se, estapear-se. E afundada naquela ambiguidade de impulsos — tomada por pulsões desvairadas — não foi capaz de refrear o ímpeto da mão direita, que com a ponta incandescente do cigarro virada para baixo, aproximou-se firme em direção de suas pernas e, vagarosamente, friccionou volteando a brasa avermelhada contra a patela do seu joelho esquerdo, desoprimindo nele, todo o seu furor tumultuado.

Pouco a pouco, as articulações dos ombros foram relaxando, os braços afrouxando-se nas laterais da cadeira, enquanto todo o frenesi desacelerava paulatinamente: o cérebro agitava-se menos no crânio, a fronte arrefecia devagar e os ouvidos desafogavam-se em estalos de descompressão. A dor tornava-se uma espécie de subterfúgio disfarçado de alívio, um antálgico para algum mal interno muito maior. Um aviso de que – apesar de totalmente desorientada – a sua carne ainda era aferente aos estímulos externos.

Ser feliz ou triste para ela era indiferente. O fracasso de seus livros – recusados por editoras e engavetados por anos – não teria lhe feito mais ou menos desmotivada. Existia nela uma razão infinitamente maior do que o reles desejo de ser apreciada. Não escrevia por ideologia, nem para ser julgada pelos punitivos olhares dos críticos literários. Não fazia cobiçando as variadas tentações da fama, nem por algum tipo de vaidade enrustida. Escrevia por urgência, por uma necessidade quase que vital de manter-se lúcida. Fazia para afugentar as amarguras, para exorcizar velhos fantasmas. As letras vigoravam além de toda manifestação compreensível das palavras. Tornavam-se a única sobriedade remanescente da sua introspecção doentia.

Sem a exata percepção do tempo – afligida por noites e noites sem dormir – já nem recordava desde quando tivera contraído aquela condição irreprimível de fobia. Criara aversão espontânea, horrendas crises de pânico, apenas em imaginar-se perambulando pelas ruas tomadas de gente. Tinha ojeriza a feiras, tremia e transpirava frio só de pensar naquele corriqueiro alvoroço do centro da cidade. Não ia às missas, não participava de solenidades e jamais, sob hipótese alguma, passava perto de praias. Detestava profundamente o mar. As ondas traziam-lhe lembranças revoltosas de um passado tão nefasto que preferia apagá-lo da memória.

Contrariada, sem perspectiva alguma de melhoras, optou por confinar-se. Passou a viver só, escondida de tudo e de todos. Não possuía amigos, não visitava parentes e nem por animosidade – ou por obediência aos instintos físicos – envolvia-se em esporádicos casos amorosos. Com exclusão de seus personagens, não partilhava do cotidiano com mais ninguém. Havia mesmo descoberto, naquela erma vivência contínua e no solitário ato de escrever, uma maneira de burlar os seus maiores traumas.

Não era rica, muito menos vivia delimitada pela pobreza. Usufruía de uma razoável situação financeira. Conscientizava-se – inclusive – que as boas condições econômicas de seu pai adotivo permitir-lhe-iam alguns caprichos. Poderia viajar pelo mundo, conhecer civilizações diferentes, relacionar-se com pessoas interessantes, cultas e renomadas. Mas sabia – entretanto – que nada e nem ninguém preencheria aquele imenso vazio, aquele profundo desprazer alcançado. Para onde quer que fosse a sua cabeça não lhe acompanharia mais. Morava dentro dela mesmo e preferia gozar da realidade das suas mentiras inventadas a assistir as verdades cruéis fora dos seus transitórios abrigos.

Afastada do convívio social, mudava-se de refúgios esporadicamente. Na maioria das vezes – para evitar o risco de ser zombada ou desvendada – após a conclusão de cada livro, tratava logo de procurar um novo escondedouro. Assim, anonimamente enclausurada, hospedava-se em pousadas, hotéis, albergues e pensões, sem que ninguém – nem mesmo Jovino Andrade – desconfiasse que por detrás daquela figura indistinta, entocada em diferentes ruas e bairros da capital baiana, encobria-se a identidade secreta de uma malograda e bizarra escritora.

Ao breve decurso de mais alguns meses, no entanto, todo aquele isolamento, toda aquela excentricidade acabou lhe adoentando silenciosamente: inexcitável, transformou-se em refém das próprias criações. A sua monotonia misturava-se com os enredos de seus mexericos, a sua rotina toldada seduzia-se pelas convidativas aventuras de suas intrigas e as suas impressões descontentes confundiam-se com as sensações extrínsecas que descrevia para projetar formas aos personagens.

E por mais que o seu comportamento incomum afrontasse a normalidade, por mais que a sua conduta nômade desafiasse os preceitos pragmáticos que regem o bom-senso, existiria sim – ao menos para ela – um sentido coerente para agir desse jeito: beirando a insanidade e duelando contra toda a lógica.

"Sejam vocês mesmas! Estudem cuidadosamente o que há de positivo ou negativo na sua pessoa e tirem partido disso. A mulher inteligente tira partido até dos pontos negativos. Uma boca demasiadamente rasgada, uns olhos pequenos, um nariz não muito correto podem servir para marcar o seu tipo e torná-lo mais atraente. Desde que seja seu mesmo"
(Helen Palmer).

CAPÍTULO 2

A ESCOLHA QUE NÃO FEZ

A fina pele que reveste o osso do joelho ainda ardia muito quando percebeu aquelas mesmas vozes confusas das noites precedentes. Apavorada, levantou-se num sobressalto instintivo de defesa. Seu calcanhar derrubou a cadeira e, enquanto acautelada recuava para trás – em passos curtos e pasmos – a parede brecou as suas costas. Um vento frio corria por sua nuca eriçando todos os pelos do seu corpo acuado. O coração batia forte e a respiração arfante era rompida por soluços amedrontados. Via-se ameaçada por um perigo invisível, intimidada por um inimigo imaginário.

A expectativa por algo terrível deixava-a inteiriçada, irresoluta. Notou – em meio ao total silêncio daquela pacata noite de domingo – que os balbucios aparentavam provir de dentro da cômoda. Incitada de medo e igualmente hesitante, tencionou sair correndo pelo corredor até a porta de saída e descer para pedir socorro, pedir ajuda. Mas novos ruídos embaraçados – agora ressonando do interior do banheiro – elevavam o seu descontrole e emprestavam-lhe um súbito estímulo desafiador.

– Quem é você? O que está acontecendo? – rogava inquieta, aproximando-se da mesa, impelindo de uma só vez a garrafa de vinho, a máquina de escrever e o abajur no chão – O que quer de mim? – repetia aos berros, à medida que, sem perfeito domínio de si, puxava abruptamente gaveta por gaveta:

– Vamos! Diga alguma coisa! – clamava alto, arrancando o colchão do estrado, retirando as fronhas dos travesseiros e procurando aflitamente pelas vozes.

Nenhum sinal, nenhuma resposta. Nada, nem ninguém. Estava mesmo sozinha: cercada por pilhas de anotações espalhadas e com a cabeça efervescendo de perturbações medonhas. Em um efêmero instante de calmaria – depois de vasculhar cada canto – cessou os gritos bravos, suspendeu os movimentos desmedidos e sentou-se vestida na privada. Reparou que os sons haviam desaparecido. Não escutava mais um único chamado, nem aqueles cicios intrigantes e insólitos. Ouvia somente – através da janela entreaberta – os cadenciados arrastados dos sapatos das poucas pessoas que desfilavam pelo estreitado passeio da Rua Carlos Gomes naquela hora.

Menos disfórica e, por conseguinte um pouco mais sossegada, voltou-se ao quarto. Predisposta a fingir que nada daquilo havia mesmo acontecido, apanhou uma caixa de fósforos, acendeu outro cigarro, e, concentrada em pensamentos embaraçosos – sem jamais prever o que estaria por vir – ficou ali fumando alheadamente.

Em seguida, denotando serenidade, recomposta parcialmente do susto, catou os cacos da garrafa, recolocou os objetos arremessados na cômoda, repôs as gavetas e, tentando não mais potencializar aquela paranoia, resolveu tomar um banho para espertar. Despiu-se com morosidade, ligou o chuveiro em giros lentos e molhou-se por longos minutos numa agradável água fria que gotejava pelos seus ombros, lambia as suas pernas e escorria pelo ronco do estreito ralo de peneira abaixo dos seus pés.

Ligeiramente avigorada, crédula de que o pior já havia passado, desligou o crivo na válvula, afastou a cortina de plástico para o canto esquerdo, pisou sobre o pedaço de carpete defronte ao bidê, puxou a toalha do cabide e enxugou-se sem pressa, dissimulando intrepidez. Todavia, ao passo em que desnuda, mirava o arredondado espelho acima da pia, deparou-se com uma extraordinária visão: no lugar do seu rosto refletido, um homem magro, sujo e desconhecido, com uma enorme cicatriz de queloide da boca à orelha, fitava-a sinistramente, sem dizer-lhe uma única palavra.

Perplexa, nem sequer esboçou exercer alguma reação. Sua valentia forjada desvaneceu rapidamente. Empalidecida, nem se mexeu de tanto medo. Manteve-se estática e muda, face a face com o reflexo daquele sujeito incógnito, macabro. Atordoada, desejando esquivar-se de algum modo daquela imagem alucinatória, preferiu não se olhar novamente: fechou os olhos com força, mantendo-os cerrados por algum tempo. Tateando, vestiu a mesma camisola, cobriu as bordas do espelho com a toalha, saiu esbaforida do banheiro, cruzou às pressas o corredor, bateu a porta da sala, passou a chave no trinco e, descalça, desceu pelos três lances de escadas até o alpendre do térreo.

Buliçosa, atravessou o pátio ignorando o grupo de quatro hóspedes conversando alto e jogando carteado sobre uma mesa de centro. Inteiramente transtornada, nem se importou como eles a observavam com estranheza, caminhou azafamada para a antessala da entrada principal, retirou do gancho o único aparelho telefônico da pensão, segurou-o ao ouvido esquerdo e, ainda muito agitada – com a ponta do dedo indicador trêmulo – foi girando afoitamente no disco do quadro, número por número da casa de Jovino.

– Graças a Deus você está acordado! – exclamou – É o fim! Para mim chega! Eu não suporto mais essa angústia – desabafava copiosamente, inclinada a contar-lhe tudo que estava acontecendo:

– Acabou! Não aguento mais essa maldição!

– Que maldição? O que está havendo?

– Elas estão me perseguindo.

– Elas? – indagava Jovino do outro lado da linha, sem nada entender – Elas quem?

– As vozes...

– Vozes? Que vozes? Do que você está falando?

– Elas estão em todos os cantos Em todas as partes.

– O que dizem? O que querem? Que maluquice é essa?

– Parecem chamar um nome.

– Que nome?

– Não sei! Não consigo ouvir direito. São balbucios,

resmungos...

— Que loucura! — suspirava Jovino apalermado.

— Há dias escuto esses ruídos, esses chamados. Elas estão atazanando o meu juízo.

— Por que não me telefonou antes?

— Você não acreditaria.

— Eu nunca deixei de acreditar em você.

— Acabei de ter uma visão.

— Uma visão? — inquiria-lhe ainda mais emaranhado, denotando total seriedade — Que visão?

— Vi um sujeito desconhecido.

— Onde?

— Dentro do espelho do banheiro.

— Dentro do espelho? — repisou Jovino estupefato, querendo ficar a par de toda aquela situação anormal — Ele lhe disse algo? Disse o que queria? Pediu alguma coisa?

— Nada! Absolutamente nada!

— Como ele era?

— Meio magro, não muito alto, com uma cicatriz de queloide da boca à orelha... — relatava-lhe Helen com arquejos fônicos — Mas que diferença isso faz?

— Não teria alguma ligação com o que você está escrevendo? — questionava-lhe aleatoriamente, tentando tranquiliza-la, a fim de buscar alguma conexão lógica para aquele pressuposto delírio.

— Como assim?

— Esse seu novo livro...

— O que é que tem ele?

— Do que se trata?

— É um romance, é sobre o sequestro de uma freira. Mas e daí? — replicou-lhe reflexiva — Aonde você quer chegar com isso?

— Não teria se envolvido demais com essa trama?

— Talvez sim! — consignou — Mas existe algum jeito de escrever sem se envolver? Sem ser atormentado? Sem se doar, sem mergulhar dentro dele?

— Quem sabe sendo menos passional... Por hora, acalme-se! Procure descansar um pouco! — recomendava-lhe apreensivo. E, sem nenhum tipo de desapreço, considerou — Você não me parece nada bem.

— E não estou mesmo — admitiu convencida, demonstrando a exacerbada contradição da sua frenética insensatez e os confins de suas faculdades conscientes — Eu não consigo. Não consigo mais...

— Não consegue mais? Não consegue mais o quê?

— Criar, produzir, inventar. Nenhum mísero parágrafo. Nenhuma linha sequer. Tenho mais de três semanas no mesmo capítulo.

— O processo de criação é volúvel, é movediço. Você sabe disso bem melhor do que eu — confortava-lhe com artimanhas e tapeações evasivas, procurando acorrê-la, serená-la — Esses embaraços, essas dificuldades... São obstáculos comuns para muitos escritores.

— Acho que você não está entendendo. Quando as letras escorregam por meus dedos, quando as palavras fogem da máquina, quando as ideias somem do papel, vejo-me igual a um padre sem voz em uma missa.

— Você precisa desligar-se por uns dias, precisa relaxar. Tente desenfurnar-se daí. Tinha dias que nem me telefonava.

— Droga Jovino! — vociferou num timbre mais raivoso, com a parte inferior do telefone quase colada na boca — Não estou me queixando de uma maldita falta de inspiração. Estou lhe falando sobre algo muito mais sério.

— Mais sério? — perguntou-lhe cismático — Mais sério como? O que está havendo?

— Eu me perdi e não me encontrei mais.

— Se perdeu? Não se encontrou?

— Não tenho mais vontade própria. Já não sei mais direito quem sou, nem o que quero. Pouco sinto fome, sede, sono...

— Mas você escolheu esse caminho — dizia Jovino fazendo-lhe recordar — Escolheu até sair de casa para escrever.

— Eu sei, e tive razões para isso. Aliás — ressaltou — Você sabe perfeitamente que não foi bem uma opção. Eu havia morrido. Precisava reinventar a vida, enfeitar o cotidiano. E foi fabulando, mergulhando em mundos imaginários e distantes, que encontrei um único motivo para permanecer vivendo — justificou, queixando-se:

— Mas estou pagando caro demais por isso.

— Por que não desiste então?

— Desistir?! – repetiu Helen iracunda, mordendo os lábios e expirando ar pelas narinas – Como posso desistir com tantos livros guardados em mim? Com tanta história clamando para ser contada?

— Mas veja o seu estado. Olhe pra você. Acha mesmo que vale a pena continuar?

— Não sei, e nem cabe mais descobrir. Agora é tarde. Tarde e impossível – asseverou:

— Atingi um estágio no qual não tem mais retorno. A minha cabeça virou uma biblioteca. Uma biblioteca repleta de contos inéditos. Enquanto não vomitá-los, não arrancá-los de dentro de mim, eu não terei paz.

— Por que não volta? Sinto tanto a sua falta. Tem mais de quatro meses que você se foi.

— Porque não adiantaria – argumentou – Eu não posso fugir de mim.

— Uma parte minha também se foi com a sua mãe...

— Por favor, não! – clamou-lhe intervindo – Não toque nesse assunto. Sabe o quanto falar sobre isso ainda me machuca.

— Mas, você foi tudo que me restou.

— Lamento. Eu mudei muito desde que parti.

— Mudou? – redarguiu Jovino novamente desentendido – Mudou como?

— Eu não sou mais a mesma pessoa — advertia-lhe fazendo mistério e cochichando com receio de que alguém a ouvisse falando:

— Eu menti quando saí de casa.

— Você o quê?

— Não lhe contei tudo...

— Não entendo! Você havia dito que precisava viajar, disse que precisava de novos ares para tornar a escrever.

— E precisava mesmo. Mas, eu não viajei!

— Como é que é?

— Não deixei a cidade um só dia. Fiquei aqui, vagando de lugar à lugar.

— Está querendo dizer que se escondeu de mim por todo esse tempo? — indagou Jovino tão desapontado quanto surpreendido.

— Perdão. Eu... Eu sinto muito, meu pai.

— Por que fez isso comigo?

— Por respeito.

— Respeito?

— Sim! Quis poupar-lhe, preservar-lhe. Tive receio de que você não compreendesse, ou que não me aceitasse mais...

— Por que não lhe aceitaria? O que escondeu de mim? Por que fugiu todos esses meses?

— Acho que já passou mesmo da hora de você saber...

— Mas que diabos está acontecendo?

– Encontre-me em meia hora e prometo que lhe contarei toda verdade – pedia Helen decidida a, enfim, revelar-lhe tudo – Estou no quarto 301 da pensão do seu Bené, na Rua Carlos Gomes.

– Aguarde-me – pedia-lhe aturdido – Já estou indo.

– Estarei lhe esperando.

Jovino desligou o telefone totalmente preocupado. Afora o choque com toda aquela revelação, era perceptível que algo de muito sério estava mesmo acontecendo. Se por um lado Helen desfrutava do poder de decidir e agir segundo a sua determinação, intuição ou vontade, parecia transformar-se em prisioneira perpétua de uma escolha irregressível. Quem sabe não tenha sido uma opção deliberada como ela mesma havia confessado. Muito menos uma simples atitude tomada por impulso ou por legítimo desejo. Talvez escrever fosse mesmo a sua única escapatória.

Para compreendemos, no entanto, um pouco mais sobre os mistérios que começaram a perturbar os seus sentidos e posteriormente, desvendarmos parte dos desvarios que questionam a sua sanidade, faz-se imprescindível regressarmos ao passado. Mais precisamente ao ano de 1934 – quando dois fatos contrapostos sucediam quase simultaneamente: um de maneira trágica, o outro ainda muito imprevisível. E apesar de tão divergentes – separados pelo curto espaço do tempo – ambos estariam interligados para sempre, nessa desconexa e incoerente regra divina: enquanto Jovino Andrade enterrava a esposa e o filho no cemitério do Campo Santo, na cidade de Salvador, João Bento Gabriel estava pronto para vir ao mundo em um bravio sertão baiano....

"Existe uma triste tendência, agravada nos últimos anos, para estandartizar a beleza e os tipos femininos. Influenciada pelo cinema, a mocinha escolhe uma artista de bastante renome e passa a ser o seu carbono. (...) Despersonalizadas, essas pobres imitações jamais conseguem o sucesso, pois o que faz a fama daquelas estrelas não foi o cabelo penteado dessa maneira, nem foi o sorriso dengoso de dedinho na boca, nem foi aquele olhar cheio de convites. Foi a personalidade, o talento, a graça, e estes nenhum cabeleireiro, nenhum maquilador, nenhum trejeito, estudado diante do espelho, lhes darão. (...)"
(Helen Palmer, abril de 1960).

CAPÍTULO 3

NO OUTRO MUNDO

Fevereiro de 1934.
Barroqueira do Agreste – Bahia

A grande distância da realidade dos centros urbanos, longe de qualquer vestígio de progresso e imensamente afastada de tudo aquilo que poderia ser compreendido como civilização, Lea Leopoldina era mais uma pobre cambembe emprenhada, prestes a parir mais um predestinado sertanejo azarento.

À sua volta, pouquíssima história para ser contada, e nenhum tipo de adorno para enfeitar o seu xexelento pardieiro de barro batido: três cuias de água salobra, brotos de palmas estorricadas e um saco de farinha de mandioca dividiam o apertado espaço na mesa de madeira crua com sabão de saponina, folhas de macambira e um desusado pilão emborcado numa arredondada bacineta de pedra, guardando ainda as raspas das rapaduras trazidas pelos mascates dos canaviais das circunvizinhanças.

Acima dos caibros e das varas que faziam a parede engradada de taipa, o maljeitoso telhado de ripas, com uma tira grossa de embira amarrada ao centro da cumeeira, segurava num só laço de nó um leocádio apagado bem na direção do velho fogão de lenha. E presa na memória dos seus parcos pertences espalhados naqueles quatro cantos de extrema vileza, a triste lembrança de seu companheiro: Nestor a tivera abandonado, inexplicavelmente, após tomar conhecimento da sua inesperada gravidez.

Do lado de fora, onde fumaça manava em vez de flores e onde nada germinava pelas estreitas fendas cravadas na superfície do chão estéril, pouca coisa sobrevivia da crueldade de uma duradoura estiagem. Rodeados por xiquexiques, quipás, seixos, pederneiras, juazeiros e mandacarus, formigas, besouros, calangos e lagartos escondiam-se num devastado matagal pálido e amortecido. Ao redor deles, pedregosas areias de rios secos, cisternas vazias, lavouras abolidas e ossos de animais mortos eram sobrevoados por outros tantos insetos invictos e descorados.

Caia mais um fim de tarde e o céu avermelhava-se por inteiro, levando consigo as minguadas sombras dos resistentes pés de umbu, jataí e jericó. Parecia mais um entardecer inexpressivo – como todos os outros marasmados e silentes daquele lugarejo fosco – não fossem aquelas repentinas vozes cantarolando mais alto que os cadenciados apitos das cigarras entocadas nos calhaus dos roçados e trauteando mais modestas que os finos gorjeios dos cinzentos pássaros que voavam rumo ao infindo horizonte de mato desbotado:

Nós somos as parteiras tradicionais que em grupo vamos trabalhar! Todas juntas sempre unidas, muitas vidas vamos salvar... Vamos trabalhar com dedicação, pegando crianças com as nossas mãos! – eram Zulmira e Cassandra, suas vizinhas e comadres de penúria catingueira, retornando finalmente com ajuda das aparadoras.

Sem cessar um só instante aquela cantiga desafinada, duas caboclas fortes, vestidas de cacarecos brancos e carregando uma mucuta cheia de apetrechos, atravessavam com seus chinelos de dedos arrastados pela porta de palha com caroá. Enquanto a mais alta, rapidamente ia tratando de acender o candeeiro, desinfetar uma tesoura e aquecer algumas toalhas, a outra mais magra – demonstrando maior habilidade e desvelo – incumbia-se de tentar preparar ligeiro a parturiente:

– Não se avexe não, Dona moça! Nós tá aqui é pra ajudar.

Gemendo inarticulado, sem desarquear as costas, com a barriga inflada apontada para o alto, Leopoldina contorcia-se buscando melhor aconchego numa esteira de folhagem ressequida, entrelaçada por talas de nicuri. Sua pele mestiça, queimada pelo impiedoso sol tição e marcada de precoces rugas – tão profundas como o rachado solo da caatinga – era inundada por um suor frio, que contrariando o clima abafado, escorria viscosamente debaixo do pedaço quadrado de tecido sujo que encobria o seu cabelo.

Sua respiração ofegava junto às cólicas cada vez mais fortes e duradouras. Seus músculos retraiam-se em menos espaços de tempo. Involuntárias contrações no interior do canal cervical ditavam sopros entrecortados pelo esgotamento físico e pelo desejo de parir. Seu útero, completamente dilatado, comprimia-se de cima para baixo e de frente para trás.

— Vamos mulher! Tá saindo! Faz força! — ordenava-lhe aquela mesma parteira que com óleo de andiroba nas mãos, massageava-lhe a parte superior do abdômen no sentido de uma bacia de água quente posta abaixo de sua pélvis:

— Bota essa criança pra fora! Força! Vamos! Força! — bradava-lhe novamente, à medida que, sem abandonar as tradições e os costumes de suas crenças, a outra, de pé, rumorejava do canto a oração de São Bartolomeu:

Senhor São Bartolomeu, se vestiu e se calçou, seu caminho bendiou. Por onde vai senhor, São Beto? Vou em busca de Vós, Senhor. Tu comigo não irá. Tu na casa de Leopoldina ficará. Na casa em que vós estiverdes não morrerá mulher de parto nem menino de abafo, nem fogo levantais. Paz, dom, misericórdia!

Pelo menos vinte minutos de muito sofrimento e aquela terebrante sensação, por um triz insuportável, era irrisoriamente atenuada numa mordaça colocada em sua boca e no efeito paliativo do chá de raiz de cobra que a fizeram beber. Contudo, numa derradeira retração de ar, na tentativa desesperada de conseguir expelir aquela vida guardada por meses em seu ventre, Leopoldina sentiu os tecidos da genitália sendo distendidos abruptamente pela rigidez de uma cabeça.

Sentia-se dilacerando ao meio, dividindo-se em dois pedaços distintos. Sua visão escurecia vagarosamente, e os ruídos que escutava antes fugiam do alcance dos ouvidos ante a violenta sensação de dormência que tomava todo o seu corpo hirto e suado. Desfaleceu por segundos, só acordando com os gritos entusiasmados de uma das parteiras:

— Milagre! Milagre! — declarava aos berros, mal conseguindo acreditar naquela gloriosa coincidência: aquela criança, trazida ao mundo por suas mãos, nascia no exato momento em que, depois de meses e meses de espera, a natureza mostrava toda a sua incoerência, fazendo, enfim, chover no sertão nordestino.

— Bendito seja! — reforçava a outra:

— Dizem inté que quando criança nasce em dia chuvoso é pro mode que os anjos ficaram acabrunhados lá no céu. Essa chuva, Dona moça, são as lágrimas dos espíritos celestes por se separarem de um irmão. Esse menino é abençoado e deve de ter nome de anjo.

Deitada naquela mesma posição troncha, Leopoldina assistia ao coto umbilical do seu primogênito. O coração desacelerava, ao passo em que o útero reduzia de tamanho gradativamente. Sua placenta descolava junto a uma solitária lágrima de alívio que percorria todo o seu semblante indeciso. A retraída alegria de dar à luz, duelava contra temerosos medos primíparas. Seu tímido sorriso de felicidade ao vê-lo fragilmente chorando, retratava todas as suas conflituosas sensações. E a dor minorada do parto —

perante uma suave satisfação de segurar o filho pela primeira vez – fazia-lhe transferir para o acaso, todos aqueles tormentosos pensamentos.

Louvando a maravilhosa chuva que brotava em abundância, agradeceu a presteza de Zulmira e Cassandra, orou em silêncio para Nossa Senhora do Bom Parto, recostou zelosamente a criança no ombro, manifestou gratidão às duas caboclas parteiras e, sem querer contestar aquela sagrada lenda proferida por elas, batizou-o enunciando com certo orgulho:

– Ele vai se chamar João Bento Gabriel.

Apesar das poucas testemunhas, sabe-se que foi mais ou menos assim, que aquele raquítico menino, de corpo franzino e órfão de pai, nasceu com nome de arcanjo, naquele pequeno vilarejo esquecido.

Dizem também que, após aquele dia, nunca mais se viu chover tanto por aquelas bandas: a seca continuou devastadora, as sobrevidas sendo pulverizadas pelo sol que destruía qualquer possibilidade de renovação, e tais como os seios ocos de leite de Lea Leopoldina, nada mais despontava do chão, nem despencava das nuvens.

―――――――――――

"(...) perfume é coisa que se anuncia por si mesmo: todos sentem que você se perfumou, e não há como desmenti-lo. Não se trata, portanto, de esconder a realidade. Trata-se de cercá-la de um esquivo mistério. Perfumar-se diante de um homem seria, por assim dizer, como oferecer-lhe um vidro de perfume. E o que este tem de fazer por você é misturar-se de tal modo a você mesma que sua presença seja imaterial e se torne parte de sua personalidade. E personalidade também é uma coisa sutil.

Personalidade é aquilo que, embora indefinível, faz de você uma presença. Cerque sua presença de um halo de perfume, e você estará se cercando de seu próprio mistério – você não estará mentindo, estará dizendo a verdade de um modo bonito" (Helen Palmer, maio de 1960).

―――――――――――

CAPÍTULO 4

A SORTE DESCONHECIDA

No desgaste progressivo daquela indigência de rotina, sem água, luz, nem notícias de outros lugares, os dias passavam-se como guerras maçantes por sobrevivência. Numa tediosa labuta sem fim, acordava-se para padecer de angústia e queria conseguir dormir para jamais acordar. Sem noção alguma de dia, mês ou hora, o tempo cronológico, meteorológico e as estações climáticas seguiam sem exercer a menor diferença. Naquela pasmaceira ausência de variedade, domingo de primavera poderia ser quarta-feira de outono e segunda-feira de inverno poderia ser sábado de verão que ninguém perceberia a menor dessemelhança. Era como se aqueles desazados nordestinos não existissem para o mundo civilizado, ou como se o mundo civilizado inteiro fosse invisível para eles.

E dessa mesma maneira, igualmente a outros tantos castigados do semiárido, Leopoldina, desprovida de instruções e vaidades, também aceitaria terminar seus dias naquele fardo invencível. Atribulada pelo desgosto dos vinte e nove anos mal vividos toleraria a falta de esperança, a miséria anunciada e a resignação quase sem escapatória. Predisposta a cumprir – sem oferecer resistência alguma – tudo aquilo que acatava como sendo o seu calvário, suportaria a pouca comida, a pobreza extrema e o cotidiano sem fé.

Aproximadamente dois anos após o nascimento de Bentinho – entretanto – algo maior e mais magnânimo do que a sua duradoura passividade, lhe faria mudar intrepidamente o curso daquela sina agourenta e prevista: a nobreza valente do seu espírito materno encorajar-lhe-ia a guerrear contra todos os infaustos prenunciados do destino de seu filho. Portanto, se a sua trajetória parecia demarcada para ser permanentemente impróspera, não mediria esforços para a dele – ao menos – ter a chance de ser escrita de forma diferente.

Convencia-se de que as suas escolhas – ou mesmo a sua indiferença – passariam a influenciar diretamente no futuro de Bentinho. Estavam interligados nos mais estreitos laços consanguíneos. Compreendeu que coexistiria através dos passos dele, mas que os passos dele estariam subordinados às suas decisões. Sabia que, mais tarde, as indesviáveis desventuras o acovardariam e os impiedosos percalços do tempo seriam senhores das vontades do filho, como de certo modo tivera sido dominador nocivo das suas comedidas ambições.

Via-se numa situação embaraçosa, de poucas saídas. Sabia que era preciso finalmente agir. Aliás, pela primeira vez na vida, sentiu que era realmente necessário fazer alguma coisa. Não se rebelar agora seria ainda pior do que aceitar a própria morte fastidiosa e lenta. Seria – por consequências óbvias – entregar a alma do filho à graça daquele mesmo acaso imutável: de moléstia e infelicidade. Livre de qualquer apelo pessoal que lhe pudesse fazer retrair da mais ínfima atitude, não protelou mais: levá-lo-ia embora daquela via-crúcis, daquele torrão maldito. Precisava dar-lhe alguma oportunidade, qualquer uma que não fosse a que já era Mesmo que para isso tivesse que debandar em desaprumo dali. Recomeçaria com ele, uma outra história.

Determinada – como nunca tivera sido antes – e divergindo da maioria dos encarcerados agrestinos, preferiu arriscar a incerteza longe dali a permanecer aprisionada naquela corrosiva desgraça já instalada: um dia inexato de uma madrugada comum do mês de janeiro, acordou à frente do amanhecer. Sem muito ter para carregar, colocou as poucas roupas numa trouxa de pano avelhacado, preparou uma infusão de rapadura com água em duas cabaças, apanhou a ninharia que conseguira economizar, a duras penas, da vendagem dos pães de macambira, calçou sua gasta sandália com tiras de couro, e sem despedir-se de ninguém, com Bentinho adormecido a tiracolo, deixou para trás o seu passado aziago e seguiu – sem remorso nem paradeiro – caminhando por longos quilômetros até o município mais próximo.

Inobstante ao seu ato de braveza, não foi fácil de chegar à Mairimeam Batista. Em meio ao cansaço daquela andança, ela parava para repousar as fortes câimbras nas panturrilhas, abrigando-se abaixo dos galhos das teimosas árvores que porventura encontrava na contínua trilha estorricada de cascalhos e cactos. Naquelas sombras transversais, parcialmente protegida do ardor da quentura, ela arriava a trouxa e sentava-se para retomar o fôlego. Depois, agachava-se de cócoras sobre os calos em bolhas do calcanhar, retirava da cabeça de Bentinho o lenço que o protegia do sol, e antes de prosseguir andando, para saciar a sede, encher a barriga e protelar a fome, dava-lhe na boca — também bebendo um pouco — daquela garapa melosa.

O sol já raiava quando, enfim, conseguiu avistar um aglomerado de campeiros e boias-frias flagelados aguardando pela saída da condução, recostados ao lado de uma pequena mercearia fechada. Alguns metros mais ao canto, uma portinhola aberta na parede lateral de uma banca de compensado, revelava metade do bigode comprido de um velho trigueiro, de aparência simpática, sem uma das orelhas, pitando fumo de corda enquanto aboletava passagens acima de um estreito balcão. Acanhada, aproximou-se dele vagarosamente e, sem nenhum destino preestabelecido — querendo apenas desertar ligeiro daquelas terras desalmadas — perguntou-lhe irresoluta:

— Moço, em obséquio, como que se faz pra ir embora?

— Embora? Pra onde vosmecê quer ir?

— Tanto faz. Pro mais longe que puder.

— Vixe Maria! — exclamou o estancieiro — Vosmecê tá é de sorte então.

— Pro mode que diz isso?

– Hoje aqui tem comboio partindo inté pra capital.

– E nesse lugar tem água?

– Tem sim senhora! – garantia-lhe – Lá tem água, luz, e mais uma porção de coisa grande. Parece inté que nem é mundo! Parece inté o paraíso...

– É pra lá que nós vai então! – decidia Lea esperançosa, entregando-lhe quase todas as moedas que tinha pela passagem e entremostrando para Bentinho um riso contido de satisfação.

– Boa ida! – desejava-lhe, educadamente, com a fala típica, o jeito caipira e sem parar de pitar o fumo – Não se aperreie não. A viagem é longa, mas a fé deve de ser maior do que ela.

– Deve de ser sim. Muito agradecida – respondeu-lhe timidamente, atravessando de cabeça baixa para o lado detrás da banca, abraçando o filho com mais força, e obedecendo àquela fila formada desde cedo, por intermédio de um estribo lateral improvisado, subiu numa velha e relha carroça do comboio de mais outras duas com a mesma estrutura armengada: forradas por lonas imundas sobre um arco de ferro enferrujado, puxadas por quadrúpedes descarnados e amontoadas de retirantes desprezíveis, carregando instrumentos de revolver terra, pouca bagagem e muita expectativa.

Em poucos minutos, sentado num arreio de cavalgadura, o cocheiro aprumava o chapéu de sola na cabeça, ajustava o arcaico bacamarte no ombro, tangia alto uma buzina de chifre para os carreteiros de trás, cuspia no chão, segurava as rédeas nas mãos, picava, com a espora da bota, a costela da primeira mula fraca do rebanho, e, à medida que o animal se levantava azurrando sem força, as demais mulas de úberes murchas, orneavam-lhe de volta no mesmo tom débil, fazendo todas as carroças – enfileiradas ao seu encalço – começarem a marchar aos solavancos, rumo à cidade prometida.

Dentro dos três coches rústicos, o silêncio de uma mudez coletiva arrastava-se por longos quilômetros de sacudidelas lentas e compassadas. A cada nova estância, enquanto paravam para deixar e pegar gente, rostos inexpressivos confundiam-se em pensamentos variados. A escuridão no interior das caixas, interrompida quando a luz da lua penetrava pelos rasgos dos toldos ou quando os carreteiros desciam para dar farelos de palmas aos animais, corria por olhares apreensivos. E a doce cantiga que Leopoldina colocava Bentinho para ninar suavizava o incômodo rechinar das rodas, diminuindo brandamente a tensão da ansiedade: fazendo-lhe, exausta, também adormecer ao sonífero canto dos próprios versos.

No entanto, nem mesmo na livre manifestação do inconsciente, quando teria, através dos sonhos, a restrita oportunidade de ser mais audaciosa, ela estaria desprendida inteiramente de toda amargura vivenciada dia-a-dia. Dormitando ou mergulhada em breves devaneios supérfluos, era absorvida por imagens de formas recalcadas e grosseiras. Sem pensamentos coloridos registrados na memória, nem fabulações petulantes para imaginar, jamais seria capaz de presumir – durante quatro noites intermitentes de viagem – aquele incrível absurdo que descortinaria logo ao chegar.

———————————

"Os tempos modernos trouxeram a emancipação da mulher em quase todos os campos. Eis um grande bem. No entanto, muita confusão se faz em torno disto e o que se vê é que muitas representantes do sexo feminino entendem que ser emancipada e ter personalidade marcante é imitar os homens em todas as suas qualidades e defeitos. A agressividade, o hábito se tomar atitudes pouco distintas em público e muitas outras coisas vêm prejudicando a beleza da mulher e tirando-lhe o predicado que mais agrada os homens: sua feminilidade. A faculdade de ser diferente dos homens em atitudes, palavras, mentalidade. Temos em mãos uma lista de qualidades essenciais a uma mulher, que não só a fará encantadora, como é o que é mais importante, aumentará sua atração junto ao elemento masculino.A mulher deve ser primeiro que tudo feminina. Deve ter habilidade de se controlar a ponto de deixar que outras pessoas se tornem mais importantes que ela dentro do seu estrito meio de relações. Inteligência e senso comum devem ser duas qualidades imprescindíveis à mulher. A mulher deve possui senso de humor e dignidade e deve saber resguardar sua individualidade. A única qualidade que a mulher não precisa ter é... Lógica" (Helen Palmer, janeiro de 1960).

———————————

CAPÍTULO 5

A FANTASIA DESPERTADA

Exceto para os três condutivos daquele comboio a falta de espanto. Acostumados com as idas e vindas para capital, reviam toda aquela paisagem sem externar mais nenhuma surpresa. Para alguns passageiros tabaréus, aquilo era algum efeito perturbador do sono, alguma espécie de alucinação, de miragem. Todavia, para a grande maioria daqueles beiradeiros viajantes – sem documentos, nem parâmetros – a sensação de impacto ao despertar vendo o mar pela primeira vez, surgia com a triste consideração: se Deus realmente existisse como eles criam, tivera sido injusto demais com todos os sertanejos.

Aquela imensidão de água azul sobrando, diante da miséria deles, feria as regras da lógica, as leis da coerência. Era um insulto, uma aberração, um tapa metafórico, mas bem dolorido na cara. Ficaram azoinados, boquiabertos. Sentiram-se ultrajados, humilhados, menores do que eram. E ao passo que aquelas velhas carroças, provindas do mais bruto sertão do estado desfilavam – ao lado da praia do Rio Vermelho – tão soberana quanto a perplexidade compartilhada em expressões estupefatas, era a fantasia desejosa de querer carregar aquele mar inteiro nas costas, levá-lo para o agreste e construir uma praia igual àquela, em cada açude seco da caatinga. A canseira desapareceu ligeiramente, dando espaço a uma coletiva euforia.

Em pouco mais de uma hora, chegando finalmente ao centro comercial de Salvador, os coches abriam-se como gradeadas cancelas nos currais; pois os broncos peregrinos mais pareciam gados ávidos por mato do que gente em busca de decência. Como se o mundo fosse acabar instantaneamente, ou como se em frações de segundos as suas vidas frustradas pudessem mudar da míngua para a fartura, todos desceram azafamados, sem nenhuma elaboração predefinida sobre o que fazer.

Sozinhos, ou subdivididos em pequenos grupos, seguiram sedentos sem noção do quê – de enxadas, bornais e foices em punho – sob a dependência de seus instintos e das suas urgências, em prol do único intento em comum: conseguirem um ensejo, uma chance que lhes permitissem permanecer doravante naquele mundaréu entontecedor.

Leopoldina fora a última a descer – mas nem por isso a menos impressionada – com aquela infinidade de coisas extraordinárias, que desfilavam ao alcance de suas mãos. Enquanto os seus olhos pasmos desvirginavam um fabuloso cenário novo, o seu apequenado cérebro matuto era inundado de ponderações. Segurando a pequena trouxa de farrapos, o filho assustado a tiracolo e todo o peso do risco, ela desceu hesitante. Trazendo consigo uma ambição desordenada e totalmente indefinida, saiu caminhando extraviada em meio ao alvoroço barulhento de pessoas indo e vindo corriqueiramente.

Apesar da ausência de esperteza e da ingenuidade de não saber como as coisas funcionavam naquela cidade de ares hipnóticos, acreditava que qualquer lugar seria infinitamente melhor do que de onde ela vinha. Mas, se um breve otimismo irracional coagia-lhe pensar que encontraria perdida no meio daquela imensidão urbana, a sorte afortunada que nunca lhe sorriu, os primeiros imprevistos suscitavam ao revés das suas efêmeras perspectivas. E se por um transitório momento de empolgação, um pensamento infundado fazia-lhe crer que muito dos seus poucos anseios, parecia possível a partir dali, as adversidades tratariam depressa de relembrá-la que nada lhe seria tão simples quanto as suas preliminares suposições...

O melaço de rapadura havia acabado há pelo menos doze horas, e, se ela estava faminta, certamente Bentinho estava muito mais. Decidiu, então, alimentá-lo – e também comer alguma coisa – para depois tomar qualquer providência. Porém, bastaram-lhe algumas dentadas afobadas em dois pães com manteiga e poucos goles afoitos em um copo pequeno de refresco de maracujá para a sua efêmera sensação de deleite desaparecer, trazendo-lhe de volta à sua dura realidade de obstáculos nefastos. Desorientada – e agora sem dinheiro – convencia-se de que precisava formular algo rápido. Ao anoitecer, a falta de comida e a secura na garganta iriam novamente importuná-los.

"As mulheres deveriam ler mais? – E acrescentaríamos ler mais e melhor.
(...) Há livros para todos os gostos. Há romances, as biografias, os livros
de economia, política que acreditamos que não sejam de grande interesse
para as mulheres, os livros sobre a família que orientam quanto à
educação dos filhos, quanto ao trato com o marido, os dois últimos sendo
altamente importantes para as mulheres. Outra categoria de livros que
poderão ser de muita utilidade são os volumes sobre teatros para adultos e
teatro infantil" (Helen Palmer).

CAPÍTULO 6

O RITUAL DE JOVINO

Perto dali – naquele mesmo amanhecer vulgar de janeiro – o devastado Jovino Andrade mal havia acordado de sonhos inquietantes e, mesmo deitado na cama, já começava a cumprir o seu ritual diário de hipocondria: estendeu todo o braço destro e na primeira gaveta do criado-mudo ao lado, apanhou um pequeno recipiente côncavo de soro. Cuidadosamente, girou a tampa devagar, ajeitou-se melhor no travesseiro, curvou a testa na direção da cabeceira e denotando certo prazer, respingou duas gotas contadas em cada olho e mais três em cada narina.

Seguidamente – como sempre fazia – para evitar uma enxaqueca, um indesejável resfriado e prevenir-se de antemão de um desconforto estomacal, levantou-se de pijama, caminhou até a cozinha, pegou um machucador de ferro e, na quina da mesa em que comia, esmagou um comprimido de Dipirona Sódica, um comprimido de Carminativo e um tablete de Ácido Acetilsalicílico. Descomedido, derramou tudo em um pires emborcado, alisou o seu bigode fino para baixo, colocou um pedaço de canudo no nariz e, movido pela força do hábito, cheirou novamente toda aquela trituração misturada.

Em poucos minutos, ressurgia nele uma sensação de contrição sufocante e ordinária. Os vários exames realizados não encontravam nenhuma explicação convincente para aquela viciosidade, nem achavam alguma disfunção fisiológica para aquela asfixia habitual e incomum. Os diferentes médicos procurados cogitavam ser de causa psicossomática, de procedência emotiva: um tipo de manifestação inconsciente de sofrimento, de autopunição. E embora ele mesmo concordasse com todos esses vagos diagnósticos, nada venceria aquela dispneia diurna que retornava constantemente, causando-lhe intensos espasmos nos canais da traqueia.

Sem nunca conter aquelas tosses roucas, voltou-se morosamente ao quarto, resfolegando com certa dificuldade. Daquela mesma gaveta de criado-mudo – amontoada por uma enorme coleção de variegados medicamentos – retirou um engenhoso aparelho de bombilha autoaspirante importado, esvaziou todo o ar que conseguiu soprar dos pulmões, ajeitou o cilindro de vidro dentro da boca, segurou-o entre os lábios, e, por sucção, foi sorvendo as gotículas esborrifadas de Bromidrato de Fenoterol.

Depois do ligeiro dilatamento dos brônquios, e depois de esmiuçado todo esse processo maníaco, poder-se-ia dizer, portanto, que o dia finalmente começava a valer para Jovino. Afinal de contas, essa repetição mecânica – executada meticulosamente em cada manhã – por mais esdrúxulas que aparentasse ser, proporcionava-lhe um transitivo bem-estar: ingerir ou cheirar medicamentos à toa, sem necessidade alguma, tornou-se um dos seus maiores instante de entusiasmo, um dos poucos momentos de satisfação.

Nenhum desses tantos remédios, contudo, da mesma forma que especialista algum, foram capazes de curar o seu indesejável tique nervoso. Isso sim lhe incomodava demasiadamente. Em todo tempo, em diferentes ocasiões, durante toda e qualquer conversa – da mais interessante a mais trivial – os músculos faciais desobedeciam a sua vontade. Fora de simetria, de modo descontrolado, o queixo retorcia-se involuntariamente apontando para cima, enquanto às pálpebras abriam e fechavam num contínuo movimento de piscadas incontáveis.

É bem verdade que todas essas afecções mentais tiveram os primeiros sintomas desencadeados logo após a morte de Tereza e de Pedro. Jovino nunca mais voltou a sorrir. A sua angústia era perene, visível. Adoentava-se frequentemente, culpava-se a toda hora, sentia-se responsável. Lastimava-se pelos cantos, choramingava amiúde e jamais – mesmo já tendo passado cerca de dois anos – conseguira se reerguer daquele violento choque do acaso: ter perdido o único filho e a amada esposa de uma só vez tivera sido mesmo um duro golpe. Tanto que, nem sequer ponderou casar-se de novo. Entediado de tudo, vivia sustentado pela boa fortuna herdada dos pais, mas, tomado por um desânimo invencível.

Sem estímulos – nem necessidade de desempenhar algum tipo de profissão – entregou-se integralmente a indolência. Sem planos para o futuro, comprou por impulso um revólver, e tentando preencher o silêncio mórbido daquele enorme casarão de vários quartos, onde morava sozinho com as suas lembranças tristes, resolveu, repentinamente, adotar um dos muitos filhotes de cachorros, sem raça nem dono, que ficavam zanzando em matilhas numa viela próxima da Igreja Nossa Senhora de Brotas. Deu-lhe guarida, asseio, comida e o carinhoso apelido de Sig. Assim, ao menos entre os rosnados do dócil vira-lata e os sons do aparelho de rádio da sala – mantido ininterruptamente ligado – ele teria a suave impressão de alguma companhia.

Buscando consumir parte da ociosidade, e procurando ocupar o imenso vazio no qual se afundou inevitavelmente, nutriu também uma mania obsessiva pela literatura. Poucas pessoas naquela época usufruíam de uma biblioteca particular como aquela. Seu acervo era amplo e o gosto, diversificado. As prateleiras eram repletas dos mais diferentes gêneros e estilos: de Honoré de Balzac e Victor Hugo a Gregório de Matos e Machado de Assis – passando por Dostoievski, Leon Tolstoi e Dante Alighieri até as belas poesias de Tomás Antônio Gonzaga e Luís Vaz de Camões.

Entretanto, nem mesmo as descontraídas brincadeiras com o Sig, a excêntrica compulsão pelos remédios, ou as prazenteiras viagens através dos livros fascinavam-lhe mais do que o sobrenatural. Interessou-se profundamente pelo mundo místico. Atraiu-se pela astrologia, pela cartomancia. Tinha necessidade de descobrir novos caminhos, encontrar novas crenças. Mesmo que fosse paganizado, queria algo mais forte que o seu catolicismo atribulado e estremecido. Precisava reencontrar a esperança.

Atirado nessa busca inconsciente de alívio, passou a pedir conselhos de cartomantes, a se consultar com videntes e, na primeira segunda-feira de cada mês – rigorosamente – caminhava entusiasmado até uma pequena banca de jornal, na esquina da rua, apenas para comprar a publicação semanal de uma fascinante revista esotérica. E foi acreditando de alguma maneira no desconhecido – por convicção ou carência –, que ele acabou encontrando, inserido naquelas periódicas descrições acerca de cada uma das doze constelações localizadas na faixa do zodíaco, um novo sentido para realegrar-se.

Há dois dias andava meio agitado, tenso e ansioso. Tivera interpretado na leitura subjetiva do seu horóscopo que algo de promissor estaria por acontecer. Estava estampado – no último prognóstico acerca do seu signo – que a fase lunar, juntamente ao posicionamento das estrelas e do sol, propiciava uma brusca mudança para as pessoas nascidas entre o dia vinte e três de setembro e o dia vinte e dois de outubro. Era preciso ficar atento aos detalhes. Os astros regentes conspiravam a favor de todos os librianos.

Prevendo – no entanto – que aquela boa predestinação não

ocorreria diante daquela inatividade e propenso a potencializar todos os sinais da sorte, decidiu sair à procura de uma velha cigana que perambulava pela Feira do Sete, lendo as mãos dos menos céticos: acordou no horário habitual, lavou os olhos e o nariz com pingadas contadas de soro, amassou e cheirou na mesa da cozinha os mesmos comprimidos de sempre, usou em seguida a bomba de asma, e antes de calçar as meias, receoso de que uma unha encravada no dedão do pé direito pudesse inflamar-lhe as cutículas, não vacilou em engolir – com um copo pela metade de Xarope de Guáco – analgésicos e anti-inflamatórios.

"Não entendo. Isso é tão vasto que ultrapassa qualquer entender. Entender é sempre limitado. Mas não entender pode não ter fronteiras. Sinto que sou muito mais completa quando não entendo. Não entender, do modo como falo, é um dom. Não entender, mas não como um simples de espírito. O bom é ser inteligente e não entender. É uma benção estranha, como ter loucura sem ser doida. É um desinteresse manso, é uma doçura de burrice. Só que de vez em quando vem a inquietação: quero entender um pouco. Não demais: mas pelo menos entender que não entendo." (Lispector. A Descoberta do Mundo, 1969).

CAPÍTULO 7

A VELHA CIGANA

Em menos de uma hora, chegando enfim ao comércio, em um galpão inacabado no cais das docas, não foi difícil encontrá-la. Entremeio a feirantes e compradores, lá estava ela. De pés descalços, um *Diklô* amarrado na cabeça e uma bata imunda — abotoada da gola à bainha —, Berta exibia uma verruga escura na testa, tinha uma pele enlodada, olhos negros penetrantes e o braço esquerdo atrofiado no ligamento do cotovelo.

Empolgado e cheio de perguntas, ele não demorou muito em se aproximar. Suspendeu pela aba e um pouco acima da cabeça o seu apurado chapéu italiano, apresentou-se educadamente e bastante precipitado — com uma fisionomia ansiosa por respostas — retirou do bolso da calça algumas moedas, fez menção de gratificá-la, e antes mesmo de ouvi-la, confessou-lhe afobado:

— Eu preciso saber do meu futuro.

— Calma, meu jovem *Gadjê*! Essas coisas não são assim tão simples — advertia-lhe delicadamente — Eu leio as palmas das mãos. Não sou mágica, nem faço truques. Direi somente aquilo que possa ser visto.

— Mas você é...

— Sou apenas uma velha cigana como podes ver — irrompeu-lhe a contestação, exibindo, num riso levemente simpático, os seus poucos dentes encardidos — Guarde o seu pagamento para depois. Nem sempre as linhas revelam-me tudo.

— Desculpe! Perdoe-me pelo desjeito. Eu... — retratava-se mais hesitante, ao passo que, um pouco encabulado, colocava as moedas de volta ao mesmo bolso da calça.

— Você tem pressa. É igual a todos que me procuram. Não se culpe por isso. O mundo inteiro tem essa urgência — confortou-lhe amistosamente — O homem é mesmo um animal tolo, fascinado para prever o dia de amanhã, o de depois, o de depois...

— E qual o mal nisso? — inquiriu-lhe enleado — Qual o problema em querer saber sobre o destino?

— Nenhum problema, ou todos os problemas. Tudo depende muito da sua conduta.

— Da minha conduta?

— Não se pode apreciar o presente deixando ele amarrado no acaso — enfatizava com uma feição sabedora e convicta — O amanhã é pura incerteza. Cada dia é exclusivo. Exclusivo e soberano. O sol nasce para todos, mas poucos desfrutam das renovações que ele traz em cada alvorecer. A grande maioria caminha pelas sombras dos crepúsculos.

— Pelas sombras?

— Vocês vivem fazendo planos para o futuro.

— Sim... — tartamudeou exprimindo acordo, anuindo com a

cabeça, e dando vazão para que ela continuasse.

– Estão sempre aguardando por algo, por alguém. Esperam por um herói, por um milagre, por uma gratidão divina. Procrastinam felicidades, adiam problemas, protelam emoções.

– O que quer dizer com isso?

– Que contemplando a incerteza daquilo que ainda há de vir, terminam renegando a maior dádiva que se deve e pode desfrutar.

– Qual?

– A dádiva do hoje! Do aqui. Do agora. Quando se esquece do momento, desse momento do qual dispomos, peregrina-se pelas margens do mundo feito indigente, assistindo de longe a vida discorrer ligeiro, sem gozar da bênção concedida pela mãe natureza – argumentava Berta explanando parte de seu vasto conhecimento inspirado nas coisas divinas e humanas. Posteriormente, calou-se por alguns segundos, gesticulou ao céu em uma espécie de invocação ritualística, puxou para si os dois pulsos de Jovino virados para cima e, enquanto ele, emudecido, refletia acerca daquelas palavras eruditas, ela começava finalmente a desempenhar a sua quiromancia: estendeu os dedos médios da palma da mão esquerda dele, fez o mesmo com a mão direita e compenetrou-se examinando, minuciosamente, cada traçado da linha da vida, do coração e da personalidade.

– Quanto infausto! – concluiu bestificada, após longos minutos em silêncio.

– O que foi? – perguntava-lhe inquieto e curioso – O que

você está enxergando?

— Ressentimentos, solidão... Marcas contínuas de tragédias, intervaladas por conquistas e novas perdas.

— Tragédias? Acha que vou sofrer muito?

— E por que não? A vida é um sofrimento infinito.

— Mas eu já perdi tudo que tinha.

— Engano seu, meu bom *Gadjé* — corrigiu-lhe cessando provisoriamente a fala. Ergueu então o seu queixo quadrado, fez uma ligeira expressão de suspense, fitou-lhe fundo nos olhos, e, em meio àquela vozearia barulhosa envolta deles, prosseguiu com seu timbre vagaroso:

— Você perdeu as pessoas que amava, mas não as que ainda irá amar.

— Irei amar novamente?

— Vejo uma criança iluminando o seu caminho.

— Uma criança?

— Um menino... Ele vai lhe dar um novo sentido, trará de volta a sua alegria — assegurou-lhe salientando — Ao menos por algum tempo.

— Quanto tempo? Por que isso?

— Ele veio para substituir um anjo. Um anjo que partiu sem cumprir a sua missão.

— Eu terei outro... Outro filho? — questionou espantado, relembrando instintivamente de Pedro.

— Não é bem o que revelam as linhas.

— O que vai acontecer então?

— Tudo na vida tem a hora certa. Não atropele o destino.

— E quando será a hora certa?

— Pressinto que não vai demorar! Aguarde! Cada coisa tem o seu instante; cada instante, o seu motivo.

— Como saberei a hora certa? Como irei reconhecer essa criança?

— Pelo nome! Ele carrega o nome de um dos três arcanjos da hierarquia divina. — enunciou asseverando. E antes que ele inferisse algo, com um tom de profecia preveniu-lhe — Mas não se esqueça;

— você carrega consigo um carma. A sua estrada é, e para sempre será, marcada de perdas.

— Por quê?

— Porque esse é o seu *Baji*.

— O meu o quê?

— A sua sina. O destino se veste com roupas diferentes para ludibriar o homem: fado, fortuna, sorte, acaso, azar, coincidência... Mas tudo na vida é *Maktub*. Já está escrito nas estrelas.

— Então terei pela frente uma sina sucessiva de perdas? Que ótimo! — exclamou com certo sarcasmo — E quem elegeu esse destino pra mim?

— O todo poderoso *Dou-la*. Pagamos, agora, dívidas antigas de nossas almas.

— E o que fiz de tão ruim a esse *Dou-la* para merecer

tamanho mau agouro?

— O que fez não importa mais. Vivemos em uma contínua prestação de contas. Trazemos conosco pendências de outros planos, de vidas passadas.

— Não entendo...

— Nem precisa entender. Apenas aceite. Aceite o seu fardo, a sua cruz. Esse é o seu veredicto sagrado.

— Aceitar? — repisou indignado — Aceitar que sou afligido hoje pelas dívidas do meu espírito desencarnado?

— Somos além da matéria. Muito além do físico.

— Eu não acredito nessa ladainha... — tencionou contrariar, sem razão, nem argumento.

— Pois lhe faria imenso bem se começasse a acreditar.

— Por quê?

— Porque teria um maior consolo — procurava convencer-lhe — Somente tendo isso como possibilidade, encontrará algumas respostas.

— Mas de que valeria acreditar em alma se é na carne, nessa carne aqui, que eu sinto doer? — redarguia-lhe irritadiço.

— Apenas o corpo padece. Esse é o caminho da redenção.

— Isso não tem a menor lógica.

— A nossa própria existência não tem lógica alguma. E quanto às nossas crenças...

— O que é que têm elas?

— Elas dependem, e dependerão sempre, das nossas

necessidades.

— Das nossas necessidades? — mostrou-se intrigado, querendo compreender — De que maneira?

— O que lhe trouxe a mim?

— Vim em busca de...

— De respostas? — indagou-lhe desafiando.

— Pensei que a senhora pudesse...

— E posso! — antecipou-se — Veio até a mim por necessidade. Necessidade de acreditar em alguma coisa. Necessidade de ouvir algo que lhe traga conforto, otimismo, alívio. É o que todos querem meu caro *Gadjé*. É o que todos precisam.

— Mas...

— Parece que não aprendeu muito com as suas lágrimas.

— Porque diz isso?

— Você perdeu o filho e a esposa. Mas o que fez de você?

— Eu... Eu... — gaguejou ensaiando uma resposta para aquela adivinhação. Seu cacoete ressurgiu de forma disparatada: o pescoço ia e vinha continuamente, enquanto as pálpebras não paravam de piscar, mirando os lábios de Berta em movimento e guardando consigo cada novo conselho que dela proviesse.

— Vejo que é um homem culto, um homem de posses, mas não percebeu ainda que as maiores lições da vida não são ensinadas em bulas de remédios, ou dicionários. São lições adquiridas por uma série de fenômenos, de fatos.

— Como assim?

– Existem ensinamentos que não serão revelados em Bíblias, nem traduzidos em enciclopédias. Tem que existir para aprender – acentuou metaforizando – Somente provando do veneno e do mel pode-se distinguir os sabores dos dissabores.

– Entendo... – assentiu-lhe, menos exaltado e mais ponderado – Acho que você tem razão!

– Nós não somos nada. Nós estamos sendo algo, a cada dia. Para todos que envelhecem o tempo traz as rugas, mas para poucos enrugados o tempo traz a sabedoria. Existe dentro de todos nós, um tipo de termômetro.

– De termômetro?

– Sim! Sem notarmos ele afere os nossos parâmetros, coteja tudo aquilo que já experimentamos e nos emite uma percepção mais apurada das coisas, das pessoas...

– De que jeito?

– Veja bem – atraiu-lhe a atenção e explicou – Você conhece a paz, porque sabe que existe a guerra. Nota o silêncio de um quarto fechado, porque escuta os barulhos do lado de fora quando as janelas estão abertas. Percebe que é dia, porque conhece bem a escuridão da noite. E só sente que é um *Gadjé* triste hoje, porque certamente já foi feliz outrora.

Naquele momento – de algum modo – o discurso enredado de Berta fez-se mais coerente para Jovino. Reflexivo, sem idealizar novas perguntas e reparando que ela soltava as suas mãos, sinalizando que tudo tivera sido dito, agradeceu-lhe pela consulta, pagou-lhe com tudo o que tinha no bolso e ficou ali parado, assistindo ela guardar as moedas numa pequena bolsa de couro, amarrar seu *Diklô* na cabeça, despedir-se sem alarde, virar-se de costas e seguir andando lentamente, até desaparecer em meio aquela gentarada.

"Até cortar os defeitos pode ser perigoso - nunca se sabe qual o defeito que sustenta nosso edifício inteiro... há certos momentos em que o primeiro dever a realizar é em relação a si mesmo... Do momento em que me resignei, perdi toda a vivacidade e todo interesse pelas coisas. Para me adaptar ao que era inadaptável, para vencer minhas repulsas e meus sonhos, tive que cortar meus grilhões, cortei em mim a forma que poderia fazer mal aos outros e a mim. E com isso cortei também a minha força. Ouça: respeite mesmo o que é ruim em você, respeite, sobretudo o que imagina que é ruim em você, não copie uma pessoa ideal, copie você mesma, é esse seu único meio de viver...Pegue para você o que lhe pertence, e o que lhe pertence é tudo o que sua vida exige. Parece uma vida amoral. Mas o que é verdadeiramente imoral é ter desistido de si mesma." (Carta de Clarice para sua irmã. Janeiro de 1948).

CAPÍTULO 8

A PROFECIA

Manhã.
08 de fevereiro de 1936

Dez dias depois, e aquelas promitentes palavras de Berta, embora difusas, ainda discorriam pelo imaginário de Jovino. Incapaz de discernir as conjecturas ditas por ela, daquilo que lhe ocorreria efetivamente, mas presumindo que alguma mudança estaria mesmo por vir, achou proveitoso procurá-la novamente: acordou mais cedo do que de costume, cumpriu todo o seu ritualismo de preocupação excessiva com o próprio estado de saúde, e antes de vestir-se, por pura precaução paranoica, engoliu dois comprimidos de *antiflogísticos*, um de *febrífugo*, colocou comida para Sig e saiu cheio de novas expectativas.

Ao inverso da sua boa disposição – todavia – não seria tão fácil reencontrá-la naquele mesmo lugar. Normalmente aos sábados a feira estava mais muvucada: um grande aglomerado de gente espremia-se pelos poucos (estreitados, parcos, diminutos) espaços livres, entre as muitas tendas amarrotadas de mercadorias variadas. E ali – disperso em meio aquela algazarra ruidosa – esbarrando-se em ambulantes e fregueses, para onde quer que olhasse, Jovino não conseguia avistar a velha cigana. Desinquieto, entrou por um estreito corredor repleto de bancas emadeiradas, passou por detrás de uma longa fila de gôndolas cobertas com fibras sintéticas, e ao passo que distraído – atravessava para o outro lado do galpão – tropeçou, sem querer, numa canela estendida.

— Perdoe-me! – sobressaltou-se. Abaixou a cabeça instintivamente, retirou o chapéu pela copa e notou uma mendiga cafuza escornada no chão, pedindo dinheiro enquanto amparava uma criança adormecida – Eu não a havia visto.

— Tudo bem. Nós é quase invisível mesmo – respondeu com um aspecto langoroso, um tom meio amargo, sentindo-se bicho nocivo.

— Invisíveis? Por que diz isso?

— Pruque é assim. É assim que é.

— O que fazem aqui?

— Nós vegeta, moço. Nós vegeta.

— E como vivem? – perguntou, agachando-se ao lado dela e demonstrando mais curiosidade – Vivem de quê?

— Do Deus dará, da boa vontade de um e de outro.

— Mas onde moram?

— Nós não tem morada não senhor, nós mora é aqui mesmo.

— Aqui?! – espantou-se – Aqui onde?

— Aqui, aqui na feira.

— E do que se alimentam? Como arranjam comida?

— Ainda tem gente boa nesse mundo... Seu Zezinho mesmo, ele sempre guarda as frutas que sobra pra mim e pro meu filho. A mulher dele, Dona Chica, também faz sopa com resto de verdura e traz pra nós tomar. Ainda tem gente boa nesse mundo, moço — tornava a dizer, referindo-se a um solidário casal de feirantes.

— Mas de que maneira, como vieram parar aqui?

— Isso é história longa. Tomaria muito do seu tempo. E pela boniteza de vosmecê, deve de ser moço ocupado por demais pra querer ouvir as queixas de uma matuta.

Momentaneamente, Jovino havia se esquecido de Berta, pois, o desdobrar da história daquela desconhecida começava a lhe seduzir de alguma forma. Apanhou seu lenço no bolso, passou-o repetidas vezes na sobra do mesmo pedaço de papel grosso em que ela estava sentada e, tocado por ver mãe e filho naquela humilhante situação, deixou de lado toda a sua altivez, colocou o chapéu no colo e acomodou-se à direita deles, inteiramente disposto a escutá-la.

— Não sou tão ocupado quanto parece — retificou — Também tenho muitas lamentações. Conte-me você primeiro as suas.

— E pro mode que vosmecê há de querer ouvir minhas lamentação? — admirou-se desconfiada daquela atitude incomum.

— Gostaria de... De ajudar talvez.

— Ajudar como? E pruque ajudar?

— Porque já fui pai um dia.

— Já foi?! — indagou-lhe desentendida — Não é mais?

— Meu filho morreu. Morreu sem nem abrir os olhos. Morreu na hora do parto. E minha mulher, ela foi junto com ele, morreram no mesmo dia.

— Que triste... Que triste, moço!

— Quando somos amolados por uma infelicidade dessas, passamos a enxergar o sofrimento das pessoas de outro jeito, com mais cumplicidade, por isso sentei aqui. Quero conhecer a sua história — confessava-lhe, sem conter o embaraço na fala, nem a gota de uma solitária lágrima que escorria pela sua face de ânimo inseguro, contornando-lhe o bigode.

— Sinto muito. Muito mesmo.

— Desde quando percebi que essa criança é seu filho, relembrei do meu Pedro. Eu não teria como renegar ouvi-la, fingir indiferença.

De repente, não pelo barulho insuportável — porém acostumado — daqueles habituais passos largos e curtos ao derredor deles, o menino desperta com gemidos contidos de tristeza, retira o dedo sujo da boca e choraminga exprimindo fome. Sua mãe, então, ignora por um tempo a presença daquele distinto sujeito, cata, no meio de suas coisas, uma lata de jacuba e uma colher torcida. Diante disso, Jovino também se cala e, respeitosamente, ainda mais solidário, fica ali quieto, sensibilizado assistindo àquela cena enternecedora: daquela moça pedinte — de colherada em colherada — alimentar o filho com a rala mistura de farinha e água, recostá-lo em seguida no ombro e, com suaves afagos na nuca, fazê-lo dormir novamente.

— Quantos anos ele tem?

— Já deve de ter mais de dois anos — respondeu-lhe sem precisão de tempo, enquanto acomodava melhor a criança — De onde nós vem, não se tem como saber de dia, de hora, de mês. É tudo dia igual.

— Dois anos!? Dois anos seria exatamente a idade que teria o meu Pedro hoje se tivesse vivo — constatou admirado. Mas, sem imaginar as outras tantas coincidências que estariam por vir, preferiu mudar o rumo da conversa — Conte-me um pouco da sua história.

— E de que vosmecê quer saber?

— Como veio parar aqui?

— Fugida. Fugida da miséria do sertão. Vim cá percurar coisa mió pro meu filho.

— Que tipo de coisa?

— Sei não... Qualquer coisa há de ser mió que a seca.

— E de qual sertão vieram?

— De um lugarejo longe como o diacho. De *Barroqueira do Agreste*, vosmecê conhece?

— Não. Nunca ouvi falar — atestou-lhe, mais e mais atraído — E fica muito longe? Onde fica?

— Lá pras bandas de *Mairimeam Batista*, perto de *Jabutizinho*.

— E largou tudo que tinha?

— Que tudo, moço? Nós não tinha é nada. O pai do

Bentinho deixou nós e eu ainda tava de bucho – começou seu desabafo resignado, passivo demais para tanto sofrimento – Esperei ele voltar por mais de ano. Ele nem deu notícia. Deixou nós só. Só mesmo. E ganhou o mundo...

Ganhou o mundo rejeitando justamente aquilo que me foi violado? – refletiu, em silêncio, consigo mesmo. E revoltado por saber que um pai fora capaz de abandonar o filho ao acaso, reviveu por alguns instantes a própria dor, compartilhou do sofrimento daquela pobre mulher desprezada, dissimulou a indignação, conteve o ímpeto raivoso e – quiçá por piedade ou por desquerer acreditar naquilo que acabara de ouvir – perguntou-lhe com a fala meio esganiçada:

– Está dizendo, então, que ele abandonou vocês ao léu, sem nada?

– É, foi assim que foi.

– E depois?

– Depois nós foi vivendo da caridade de Deus. E sabe seu moço? – ressaltou com seu indisfarçável jeito pé-duro – Eu inté pudia aceitar aquela vidinha por mim, mas não pro meu Bentinho. Queria coisa mió pra ele, coisa mais mió do que eu tive.

– Renegou a vida pelo seu filho?

– E aquilo lá era vida? Aquilo era vida não moço! Era seca e mais seca. Chovia quase nada. Chuva, chuva mesmo, de desabar céu, foi no dia que Bentinho nasceu. Pra vosmecê ter ideia, quando criança nasce em dia chuvoso lá em Barroqueira, deve de ter inté nome de anjo.

— E Bentinho é nome de anjo, por acaso?

— Mas o nome dele não é só Bentinho não moço. É Bento. De João Bento Gabriel.

— Gabriel??? — pasmou-se excitado. As pálpebras abriam e fechavam freneticamente, enquanto o pescoço revolvia-se para todos os lados — Você disse Gabriel? — repetiu boquiaberto, relembrando instintivamente parte das previsões daquela velha cigana: *ele tem o nome de um dos três arcanjos da hierarquia divina... Ele tem o nome de um dos três arcanjos da hierarquia divina.*

— Pro mode que esse embasbacar todo? — questionou-lhe sem entender a razão daquele repentino espanto.

— Nada não... — tentou despistar — É bobagem minha.

— Mas vosmecê ficou inté empalamado.

E se antes Jovino tivera se sentado ali, por compaixão, vontade de ajudar, ou pela forte lembrança do seu filho, naquele momento, pressupondo ser mesmo aquela criança com nome de anjo, o tal menino que — prenunciado por Berta — lhe traria um novo sentido, aguçou-se para ir além da benevolência, além da caridade já pretendida. Plenamente despreocupado com a nobre aparência, sem dar nenhuma importância aos muitos olhares desdenhosos dos que por ele passavam, foi elevado por um ânimo pouco racional e tomou uma inesperada atitude:

— Tenho uma proposta para lhe fazer.

— Proposta? — mostrou-se desconfiada — Que tipo de

proposta?

— Que me diz de trabalhar para mim?

— Trabalhar? Trabalhar de quê, moço? Fazendo o quê?

— Cuidando de minha casa.

— Cuidando de casa? E como é que é isso?

— Moro sozinho, com meus livros e meu cachorro. Desde que Tereza se foi, tudo virou uma bagunça só. Você poderia morar lá e levar junto Gabriel... Dou-lhes morada, comida e algum trocado.

— E o que vosmecê quer de mim?

— Que arrume minha casa, que faça minha comida, que cuide de minhas coisas.

— Sei não... — matutava à procura de uma simples objeção, uma desculpa razoável que fosse, mas não encontrou; até porque não existia.

— Pense no futuro do Gabriel. Ele pode ter uma chance, aceite dar essa chance para ele.

Reduzida, eximida de qualquer tipo de orgulho e vendo-se sem escolha alguma — além daquele padecimento sem sinais de renovação — lembrou-se das inúmeras dificuldades enfrentadas até ali, engoliu rapidamente o medo, a coerência e muito mais por seu filho do que por si, consentiu com uma audácia emergencial:

— Tá bem, eu inté aceito! Mas, vosmecê garante, garante mesmo, que Bentinho terá o que comer? Que terá onde dormir?

— Ele não só terá casa e comida. Terá também tudo o que

não pude dar ao meu Pedro – assegurou. Ergueu-se prontamente, colocou de volta o chapéu e num gesto cavalheiro, a fim de ajudá-la a levantar-se, estendeu-lhe uma das mãos.

Ainda no chão, tomada por uma sutil esperança de recomeço, Lea puxou a criança para si, acomodou-a no ombro esquerdo, segredou-lhe algumas palavras de promessas e – apoiada no antebraço estirado de Jovino – levantou-se, surpreendentemente compromissada:

– Já que vou trabalhar pra vosmecê, posso saber qual a sua graça?

– Claro que sim! Perdoe-me, eu estava tão envolvido que nem, ao menos, apresentei-me! – retratou-se pelo desjeito – Chamo-me Jovino, Jovino Andrade. E o seu nome?

– Lea... Lea Leopoldina – respondeu-lhe resoluta, mas, antes de segui-lo, curvou-se fazendo menção automática de apanhar a trouxa de badulaques e a lata da jacuba.

– Deixe isso aí – interveio gentilmente – Pode deixar.

– Mas... As minhas coisas... As nossas coisas?

– Daremos um jeito.

– Jeito? Que tipo de jeito? Isso é só o que nós tem!

– Trataremos de comprar novas roupas para vocês. E comida não há mais de faltar-lhes.

Parcialmente revigorada, pressentindo que a sorte, enfim, lhe acenava, Lea deu as costas para o pequeno embrulho de farrapos, e contemplou sem nenhum tipo de saudade, o lugar em que ficou durante aqueles dias sofridos. Acreditando que tempos melhores estariam realmente por vir, deixou-se conduzir por aquele nobre sujeito. E desse modo, os três – no meio do barulho da feira – seguiram caminhando despercebidos. Ou quase. Fitados de longe por uma senhora misteriosa, escondida atrás de uma banca. Com um olhar enigmático, o braço esquerdo atrofiado no ligamento do cotovelo, e um sorriso satisfeito de quem antevira aquele encontro.

"Que faço da felicidade? Que faço dessa paz estranha e aguda, que já está começando a me doer como uma angústia, como um grande silêncio? A quem dou minha felicidade, que já está começando a me rasgar um pouco e me assusta? Não, não quero ser feliz. Prefiro a mediocridade. Ah, milhares de pessoas não tem coragem de pelo menos prolongar-se um pouco mais nessa coisa desconhecida que é sentir-se feliz, e preferem a mediocridade." (Lispector. Jornal do Brasil, 1969).

CAPÍTULO 9

UM MUNDO NOVO

Quando Jovino abriu a porta, gesticulando educadamente para que eles entrassem, vagas sensações perambulavam pelos anseios íntimos de cada um deles. Incapaz de disfarçar seu espanto, Lea enxergava estonteada muito além do que os olhos lhe transmitiam. Enxergava – através das peças e dos móveis que decoravam a ampla sala de estar – um mundo inimaginável, repleto de vivacidades palpáveis, onde tudo parecia mais possível.

Da média altura do seu ombro, Bentinho arregalou os olhos como jamais fizera. Sem lembranças coloridas, nem recordações expressivas, foi despertado por uma euforia quase incontrolável: queria desvencilhar-se ligeiro dos braços da mãe, pisar naquele tapete vermelho, subir no sofá, bulir naquele lustroso piano de cauda e pegar em tudo que via. Teve vontade de fazer peraltices, de andar, brincar, pular... Desejou – enfim –, tornar-se criança.

Inesperadamente, porém, o cúmplice silêncio dos três – partilhados em diferentes manifestações – foi rompido pelos latidos festivos do Sig. Como sempre fazia, notando que seu dono acabara de chegar, veio correndo com o fino rabo balançando e a ponta da língua para fora. Jovino, então, consumido por um avigoramento impreciso e muito embaraçado diante daquele temerário compromisso, trancou a fechadura da porta, acariciou os pelos do cachorro, colocou o chapéu no cabide e, antes de mostrar para Lea todos os cantos da casa, procurou, também, ser agradável com Gabriel:

– Vê? – perguntava astuciosamente, tentando atrair-lhe a atenção – Este é o Sig...

O menino – contudo –, embora se sentisse muito mais menino, contrariou a expectativa gerada. De pés nus sobre o duro piso de jacarandá, enlevado por uma empolgação embrionária, ignorou o chamado do animal e buliçoso, disparou sozinho. Singelo e destemido, saiu da sala pendulando com suas pernas esguias e tortas. Curioso – como se procurasse pedaços desconhecidos que lhe faltavam – seguiu desassossegado e ingênuo, tateando a parede vertical do extenso corredor. Descobriu dois cômodos, mexeu em bibelôs, abriu armários, buliu em gavetas e desnorteado, caminhando inquietamente de um lado para o outro, acabou tombando sem querer numa porta entreaberta.

Não entendia – e nem pudera entender direito – onde estava. Sequer teria como presumir que aquele mundaréu de cadernos perfilados à sua frente eram livros. Tampouco seria capaz de desconfiar dos tantos contos mágicos que existiriam guardados dentro deles. Entretanto, foi mesmo assim, caído no chão da biblioteca de Jovino, que Gabriel, totalmente encantado com o que entrevia, aspirou a dizer alguma coisa. Ali, defronte de estantes e prateleiras abarrotadas por centenas de histórias fantásticas, ele balbuciou sons pela primeira vez na vida.

Ninguém ouviu precisamente o que ele disse, e àquela altura, ninguém estava realmente atento a isso. Sua mãe – ainda muito extasiada – ergueu-o pelos braços e o arrastou para o quarto no qual eles – segundo Jovino – passariam a morar. E se desde que chegou à cidade, Lea havia ficado pasmada ao descortinar o mar, quando entrou com Bentinho no banheiro, confrontando-se com água brotando de torneiras, pias e bidês, ficou ligeiramente paralisada. Sentiu-se mais indigente do que era.

Apesar de uma repentina vontade de permanecer por horas debaixo do chuveiro, só não demorou mais naquele único banho que tivera tomado sem cuia, porque teve receio da água, simplesmente, acabar de descer pelo crivo. Porquanto se lavou rápido e igualmente rápido molhou Bentinho. Depois, vestiram-se nas mesmas roupas sujas, e, sem querer mais incomodar, dando-se por satisfeita com tudo aquilo que estava acontecendo, agradeceu aos céus pela bondade daquele homem, agradeceu da mesma forma pela guarida dada por ele e famélica – mas saciada de alegria – trancou-se acanhada no quarto com seu filho.

Refletindo em tudo que não tivera sido partilhado com Pedro e Tereza, Jovino conscientizava-se que – de algum modo –, doravante, passaria a ser o principal responsável pelo destino daqueles dois indefesos que acabara de abrigar. Amadurecido à força da perda e benévolo à custa de muito sofrimento, acolheu Lea e Gabriel como se agraciasse sua nova família. E mesmo que não fosse louvável pensar dessa maneira, seria humanamente impossível reprimir a realidade gritante de seus próprios instintos: enxergava, naquela jovem desgostosa e no seu menino mal nutrido, a mais propícia circunstância de vivenciar parte do que lhe fora extirpado.

Por breves minutos absortos no interior de seu aposento – já menos confuso e um pouco mais sensato – deduziu que se ele estava faminto, decerto os dois estavam muito mais. Refreado pela hipocondria, tomou três comprimidos amarelos, engoliu duas cápsulas gelatinosas e caminhou mais bem-disposto para a cozinha. Preparou bife, fez arroz, espremeu laranjas e, parcialmente reanimado, pôs pratos, talheres e copos limpos sobre a mesa. Em seguida – denotando precoce afeição – foi até o quarto no meio do corredor e bateu de leve na porta chamando-lhes para jantar.

Lea nem ao menos cogitou recusar, nem cogitaria: a fome sempre burlava a sua retração espontânea. Esqueceu então o jeito bronco, perdeu depressa a timidez e sentou-se com Bentinho no colo, ao lado de Jovino. Inábil com o garfo e desastrada por natureza – enquanto mastigava e bebia – tinha o desvelo de levar comida na boca do filho. Quando por fim levantaram-se, fartados como nunca, Lea foi surpreendida por um súbito pedido daquele sujeito extremamente cativante: ele queria, antes de se recolher, poder contar uma história para Gabriel.

Impossibilitada de prever o quanto aquele simples pedido persuadiria as escolhas do filho, Lea logo concordou, e os três seguiram juntos para a biblioteca. Chegando lá, Jovino fez acender um enorme lustre suspenso no teto, avançou na direção de um suporte de madeira inclinado, e no meio dos muitos livros expostos, catou cuidadosamente o seu conto infantil preferido. Apanhou óculos, sentou-se no sofá do canto, pigarreou uma tosse seca, alisou seu bigode, e ao passo que o menino e a mãe se acomodavam no tapete, ele abria a primeira página de Reinações de Narizinho.

Analfabeta, Lea mostrava-se muito mais impressionada com a fácil leitura de Jovino do que envolvida com a narrativa. Quieta, ficava apenas ouvindo sem prestar atenção, achando as palavras algo sobrenatural. Bentinho – no entanto – maravilhava-se completamente. Desde o início, via-se fazendo parte de cada parágrafo. Seus olhos brilhavam sem piscar, sorrisos iam e vinham nos lábios estreitos e as mãos graúdas se entrelaçavam nos dedos dos pés descalços. Não demorou muito e pulou no sofá.

Surpreendido – mas tomado por um estímulo paternal – Jovino interrompeu a leitura por instantes, controlou o tique nas pálpebras, ajeitou a cabeça do menino em seu colo, pigarreou novamente, ajustou os óculos e continuou de onde havia parado. E aos poucos, embalado pelos doces contos na voz rouca daquele homem, livre do barulho da feira e dos apitos das cigarras sertanejas, Gabriel adormeceu hipnotizado com a inacreditável aventura da boneca de pano que falava.

"Mesmo para os descrentes há a pergunta duvidosa: e depois da morte? Mesmo para os descrentes há o instante de desespero: que Deus me ajude. (...) Venha, Deus, venha. Mesmo que eu não mereça, venha. (...) Sou inquieta, ciumenta, áspera, desesperançosa. Embora amor dentro de mim eu tenha. Só que eu não sei usar amor: às vezes parecem farpas. Se tanto amor dentro de mim recebi e continuo inquieta e infeliz, é porque preciso que Deus venha. Venha antes que seja tarde demais." (Lispector. A Descoberta do Mundo, 1967).

CAPÍTULO 10

SEU PRIMEIRO LIVRO

Na manhã seguinte – ao revés do hábito – Jovino não respingou soro no nariz, nem nos olhos, não cheirou remédios, nem precisou usar a bombilha de asma. Espantosamente animado, vestiu-se mais despojado que de costume, tornou a colocar o mesmo chapéu na cabeça, cuidou de pegar algum dinheiro e pretendendo cumprir sem tardança tudo que tivera prometido à Lea, saiu caminhando pelas ruas do bairro, junto aos primeiros raios de sol.

Bastante açodado, todavia – pensando e repensando de antemão nos percalços do futuro de Gabriel – ele não conseguiu restringir-se somente ao compromisso firmado com a mãe dele. Coagido por entusiasmos indistintos, e, convencido de que poderia fazer muito mais, comprou-lhes novas peças de roupas, encheu duas sacolas com comidas, mas, antes de voltar para casa, repleto de boas intenções, resolveu procurar Dona Durvalina: uma notável e respeitada professora que cobrava caro por suas aulas particulares.

Tida como esquisita, Durvalina era conhecida por quase toda vizinhança. Tanto pela habilidade de ensinar as primeiras letras, quanto pelo seu visual chamativo. Enviuvada, usava perucas ruivas para encobrir uma calvície incomum e luvas de tecido grosso para esconder os seis dedos nas duas mãos. Sentado diante dela, diligente e decidido, Jovino não titubeou: levado por uma espécie desmedida de zelo, desejando que Gabriel, prematuramente, tivesse com ela a digna chance de aprender a falar, escrever e ler, tratou de contratá-la para quatro aulas semanais.

Concomitantemente, sem saber de nada disso, Lea também começava a exercer o seu papel no acordo. A despeito daquele imenso cansaço acumulado, levantou-se cedo, brevemente renovada. Experimentando uma alegria desconhecida, ocultou a insegurança, encobriu a vergonha e ainda muito indeterminada, rudemente, lavou as louças, varreu os cômodos, arrumou aquilo que entendeu como desarrumado, e sem mais o que fazer – durante o tempo em que aguardava Jovino retornar – encostou-se na porta da biblioteca e ficou dali vigiando o filho dormindo serenamente no sofá: abraçado ao livro de *Monteiro Lobato*, enquanto o Sig lambia um de seus pés solto para fora da coberta.

Não demorou muito, porém, até Jovino finalmente chegar – trazendo-lhes as compras, as novidades e toda a esperança do recomeço. E a partir daquele mesmo dia, de maneira involuntária, os três passaram a conviver tal qual uma família normal. Lea encarregava-se das tarefas do lar. Diariamente, preparava comidas, esfregava pano úmido no chão, lustrava os móveis, e nas poucas horas livres, gostava de frequentar as missas vespertinas na Igreja

Nossa Senhora de Brotas, onde agradecia a boa sorte, recebia hóstia, fazia promessas a santos e confessava ao Padre Plínio os seus cândidos pecados.

Bentinho, apenas no início, estranhou a aparência extravagante de Dona Durvalina. Contudo, semanas depois – envolvido e encantado pelas incríveis histórias que ela lhe contava –, deixou de embasbacar-se com aquelas suas perucas avermelhadas, parou de reparar intrigado na saliência pontiaguda de um dedo a mais nas suas luvas e querendo com a maior brevidade possível ser capaz de ler sozinho, em três ou quatro semanas, passou a concentrar-se integralmente nas suas aulas de iniciação às vogais.

Seduzido pelos contos e fascinado desde muito cedo pelas letras, sempre arrumava um jeito de fugir da cama à noite só para dormir na biblioteca. Precoce, rompendo toda a lógica concernente da sua faixa etária, preferiu a companhia muda e o cheiro forte dos papéis mofados dos livros mais velhos, do que o odor de pelo e os constantes latidos festivos do cão. Assim – agindo ao contrário das outras tantas crianças – inexplicavelmente, ele pouco achava graça em brincar com bonecos, carrinhos ou animais de estimação.

Jovino, também, não era mais aquela pessoa ressentida, cheia de manias e lamúrias. Sem dar-se conta, foi perdendo o tique e os hábitos hipocondríacos. Com o decorrer natural de alguns meses, seu pescoço não se retorcia mais para os lados, nem as pálpebras piscavam a toda hora. E embora tivesse mantido o apreço pelo esoterismo, curou-se naturalmente da obsessão pelos remédios. Um dia, entretanto, sem conseguir disfarçar seus instintos mais viris, olhou para Lea na cozinha com outros anelos. Enxergou nela, algo além da matutice, além da rudeza. Lembrou que dentro daquele vestido branco de bordado que ela usava – decotando parte da sua pele mestiça e levemente suada – escondia-se uma mulher meiga e atraente.

Recatada, e isenta de muita malícia, ela nem percebeu algo de diferente naqueles olhares repetitivos. Aos poucos, no entanto, levada pela estreita convivência, pela afinidade harmoniosa e por contidos caprichos que ainda guardava, sentiu que alguma coisa dentro dela, igualmente, encetava a mudar em relação à Jovino. Encabulada – e muito mais por carência do que por volúpia – correspondeu-lhe com tímidos sorrisos hesitantes. Então, permutando suas solidões, tentando apagar os dissabores de seus passados, começaram a se querer de forma discreta.

Aproximadamente um ano e meio depois, acabaram – enfim –, relacionando-se com maior intimidade. Mas, sem nunca ter esquecido a deslealdade do seu único homem – nem da desonra que ele tivera lhe causado – Lea experimentava ainda, junto ao rebaixamento moral de ter sido abandonada, uma espontânea rejeição ao ato sexual. Oprimida e insegura, nas pouquíssimas vezes em que a aversão lhe permitiu se entregar, exigia na cama que Jovino encobrisse o rosto dele e o dela com um pedaço de pano.

Paralelo ao bom relacionamento deles dois, Bentinho seguia crescendo sem jamais saber nada sobre Nestor. Chamava Lea de mãe e compreendia que Jovino era mesmo o seu pai biológico. No transcurso do segundo estágio da infância – na fase lúdica e de expansão do vocabulário – ele já rabiscava textos curtos e elucidativos. Aos oito anos, com maior consolidação da linguagem, diferenciando bem mais os fatos externos dos produtos imaginativos, construía pequenos versos, anotava esboços de histórias, idealizava tramas e, quando questionado sobre o futuro, declarava, com espantosa convicção, que adulto seria um grande escritor.

Embalado por esse sonho e valendo-se das boas condições financeiras na qual vivia aos dez anos de idade, tinha aulas particulares de inglês, latim e piano – além de permanecer estudando gramática com a professora Durvalina. Todavia, talvez por influência genética ou, quem sabe, por não ter frequentado escolas, nem feito muitos contatos fora do âmbito familiar, terminou adquirindo, na difusão da própria identidade, uma conduta anômala. Durante as mudanças fisiológicas da adolescência, ainda desprovido de figuras de desejo do sexo oposto, descobriu uma esdrúxula maneira de provocar prazer: masturbava-se, acariciando os dorsos, cheirando as capas, lambendo as páginas e revivendo as passagens das tramas mais excitantes que lia.

Eximido de namoros e impedido – portanto – de conhecer as nuances das paixões, amadureceu casto, sem muitas vaidades e inteiramente voltado à ficção. Aos dezessete anos, o cabelo comprido cacheando nas pontas, as pelugens ralas espalhadas ao redor da face mais nutrida, as marcas vermelhas de espinhas na pele e o timbre de voz engrossando rápido, em nada, faziam lembrar aquela criança frágil, desnutrida e desengonçada de antigamente. Ganhou estatura mediana, aparência vigorosa, e, ao passo em que as suas aspirações primitivas tornavam-se bem menos volúveis, a sua apática juventude ia sendo toda enfeitada pelo universo colorido das fábulas.

Em agosto de 1954, no período de apogeu dos programas de rádio no Brasil – enquanto o país inteiro se estarrecia com o suicídio do então presidente *Getúlio Vargas* – Gabriel pouco se impressionava com as fatalidades do mundo concreto. Mergulhado em contos fantásticos, cada vez mais aficionado por literatura, e demasiadamente embevecido pela vontade de escrever, antes mesmo de atingir o pleno gozo de seus direitos civis, já havia lido quase todo o acervo da biblioteca de sua casa. Incitado pelos mais diversos tipos de enredos e sempre muito estimulado por Jovino, lia tudo que visse pela frente: de *Gustave Flaubert*, *Marcel Proust* e *Friedrich Nietzsche*, às poesias condoreiras e retóricas de *Castro Alves*.

Introspectivo, buscando encontrar nas entrelinhas encadernadas a emoção que lhe faltava no cotidiano, realizou-se através de muitos personagens antológicos. Delirava conversando com *Dom Quixote*, *Quincas Borba* e *Madame Bovary*. Apaixonou-se pela incrível vingança do marinheiro *Edmond Dantes*, no romance francês, *O Conde de Monte Cristo*. Sentiu toda a aflição da metamorfose de *Gregor Samsa*, no clássico de *Franz Kafka*. Sofreu junto ao Jovem *Werther*, em um dos livros de *Goethe*. E a saga verídica do valente chefe religioso *Antônio Conselheiro*, na famosa obra de *Euclides da Cunha*, lembrava-lhe — de algum modo — a bravura admirável de sua mãe.

Versado em ortografia, dominando melhor os aspectos textuais e com o conhecimento mais aprimorado sobre técnicas narrativas, adquiriu confiança, extraiu rabiscos guardados em papéis, ideias retidas na cabeça e, de forma compulsiva — ainda sem muito interagir com a realidade externa — passou a escrever as próprias histórias. Assim, ao cabo do ano bissexto de 1956, depois de *Guimarães Rosa* revolucionar o regionalismo publicando *Grande Sertão: veredas*, e após *João Cabral de Melo Neto* causar impacto nacional ao lançar o poema *Morte e vida Severina*, Gabriel — naquela época com vinte e dois anos de idade — concluía, sem nenhuma repercussão, o seu primeiro livro.

"Mas se eu gritasse uma só vez que fosse, talvez nunca mais pudesse parar. Se eu gritasse ninguém poderia fazer mais nada por mim; enquanto, se eu nunca revelar a minha carência, ninguém se assustará comigo e me ajudarão sem saber; mas só enquanto eu não assustar ninguém por ter saído dos regulamentos. Mas se souberem, assustam-se, nós que guardamos o grito em segredo inviolável. Se eu der o grito de alarme de estar viva, em mudez e dureza me arrastarão pois arrastam os que saem para fora do mundo possível, o ser excepcional é arrastado, o ser gritante." (Lispector. A Paixão Segundo G.H. 1964).

CAPÍTULO 11

2 DE FEVEREIRO

Demonstrando absoluta indiferença, tanto ao sucesso quanto ao fracasso, não se importou em continuar à sombra dos célebres autores. Acreditava que ser reconhecido era apenas uma questão de tempo. Também não esmoreceu – nem desistiu de permanecer escrevendo – quando, meses mais tarde, as cartas dos vários editores consultados, começaram a retornar, recusando a publicação do seu segundo romance. Porém, no sagrado dia dois de fevereiro de 1958, enquanto se dedicava intensamente no desenrolar da sua terceira trama, fora atormentado por um imprevisível episódio.

– Eu não vou suportar essa dor! – prenunciou Jovino desesperadamente, à medida que, sem pedir licença, já temendo o pior, adentrou esbaforido pela porta da biblioteca.

– Do que você está falando? – perguntava-lhe Gabriel atribulado e desentendido.

– Aconteceu uma tragédia meu filho. Uma catástrofe!

– Com quem?

– Com todos nós! – exclamou.

— Acalme-se! — pedia-lhe atemorizado, retirando depressa a máquina de escrever do colo, ajeitando-a mais ao canto do sofá, e dando espaço para ele sentar ao seu lado — Você está pálido. O que houve?

— Não escutou a campainha?

— Não, eu estava rabiscando algumas coisas...

— Padre Plínio acabou de nos procurar.

— Padre Plínio, aqui em casa, a essa hora? — estranhou — O que ele queria?

— Ele queria... — gaguejou Jovino tensamente. Em seguida, tomou coragem, controlou o choro, fixou seus olhos nos olhos apreensivos de Gabriel, e, sem fazer rodeios, disse com ar de preocupação — Ele queria saber notícias de Lea.

— Notícias de minha mãe? — inquiriu-lhe aflito — Por quê? Onde ela está?

— Ela desapareceu...

— Desapareceu? — interrompeu-lhe espantado — Desapareceu como?

— Um dos barcos pesqueiros, que transportava devotos para acompanhar a procissão de Iemanjá, teve problemas, acabou afundando.

— Não é possível! — contestou alarmando, descrente no que acabara de ouvir — O que você está dizendo?

— Poucas pessoas conseguiram se salvar.

— E minha mãe?

– Tudo indica que ela estava dentro desse barco.

Estupefato, Gabriel emudeceu por intermináveis segundos. Olhou desnorteado para um ponto vazio que se fez na parede a sua frente, e nada viu. Visualizou um filme inteiro de sua vida. Sentiu seu mundo desmoronando. Percebeu – depois de muito tempo – o quanto viver era arriscado, o quão grandemente o realismo fora dos livros, poderia ser doloroso. Perder a sua mãe seria perder o maior pedaço da própria biografia, o maior sentido de sua existência. Tomado por um súbito pranto soluçante e amargurando a hipótese de não mais revê-la, abraçou Jovino com força, encostou o queixo no ombro dele, e juntos – cada qual com seus lamentos –, choraram tristemente.

Embora as copiosas lágrimas tivessem cessado na manhã do dia seguinte, a angústia partilhada entre eles, parecia não ter mais fim. Afinal de contas, ficarem atados daquele jeito, à mercê de qualquer notícia – sem que nada pudesse ser feito ou desfeito às avessas do destino – seria imensamente pior, do que a mais infausta novidade que viesse a ser confirmada. Diante daquele apático estado de impotência, em um transitivo momento de clareza, Jovino relembrou das proféticas palavras de Berta: "(...) *a sua estrada é, e para sempre será marcada de perdas"*. Acovardado por essa lembrança, caminhou abatido ao quarto, tomou uma dose elevada de tranquilizantes e, com medo de encarar a fria verdade pressentida, decidiu, simplesmente, dormir. Considerava que talvez assim, durante todo o tempo de efeito dos remédios, afastado da percepção real, ao menos o seu corpo desalentado, estaria mais distante da dor.

Desamparado pela fraqueza do pai, consumido pela aflição, e não mais suportando aquela tormentosa expectativa, Gabriel foi menos passivo. Deixou de lado os seus conflitos religiosos, pôs-se de joelhos pela primeira vez em toda vida e, na presença silenciosa dos livros, avistou, por acaso, uma velha bíblia em uma das prateleiras. Na carência de outras imagens mais sagradas por perto e na falta de objetos mais veneráveis ao seu redor, fez dela um relicário: fitou-a com uma fugaz devoção e, desequilibrado – precisando urgente crer em algo – benzeu-se com pouca fé e rogou a ela clamando por um milagre.

Depois, com uma tácita esperança remoendo-o por dentro – igualmente ávido e receoso – resolveu agir. Sem saber ao certo o que faria, rezou novamente curvado para aquela mesma bíblia empoeirada, vestiu-se de qualquer modo, apanhou uma garrafa de cachaça na despensa da cozinha e, apesar de nunca ter sido dado a bebedeiras, no meio daquela cinzenta segunda-feira – desprezando a longa distância que andaria – saiu caminhando e bebendo sozinho, até a praia de *Santana*, no bairro do *Rio Vermelho*.

"A harmonia secreta da desarmonia: quero não o que está feito, mas o que tortuosamente ainda se faz. Minhas desequilibradas palavras são o luxo do meu silêncio. Escrevo por acrobáticas e aéreas piruetas – escrevo por profundamente querer falar. Embora escrever só esteja me dando a grande medida do silêncio". (Lispector. Água viva, 1973).

CAPÍTULO 12

A CONTRADIÇÃO DE VIDA

Quando lá chegou, tudo lhe parecia desfigurado. Nada lhe fazia lembrar a típica agitação do começo de semana. A orla estava vazia, as ruas ao seu entorno desertas. Ninguém lhe esperava para explicar o acidente, muito menos para lhe confortar. Estava completamente só. Só como jamais estivera antes. E, naquele instante emaranhado, Gabriel, que desde cedo tivera predileção pelos contos, que desde cedo confundia o seu humor impassível com as disposições dos personagens; ele, que da vida veraz conhecia muito pouco, que sem perceber retirava emprestado dos livros as variadas sensações humanas, experimentava na própria carne, a tristeza na sua forma mais impiedosa: sentia-se órfão.

Atordoado pela bebida e cada vez mais imponderado, contemplava tonto – sem ver nenhuma coesão – os restos da festa do dia anterior: a maré agitada guardava ainda no ar, um suave cheiro de alfazema misturado ao aroma penetrante de maresia. As poucas ondas que não se dissipavam nas pedras do lado, nem se desfaziam nos cascos dos pequenos barcos pesqueiros ancorados à sua frente, quebravam na parte mais declivosa da areia molhada, cíclicas espumas de sargaços, pegados em flores, pentes, espelhos e outras tantas oferendas lançadas para Iemanjá.

– Devolva minha mãe sua... Seu... Maldita orixá! – clamava enfurecido contra um vento ruidoso e lúgubre – Devolva minha mãe sua maldita rainha das águas! – gritou exasperado, mirando o mar com ódio e desafiando todos os seus mistérios:

– Com que direito você pode roubar ela de mim? Com que direito?

– Já sei! – concluiu embriagado, zombando do divino – Há de ter sido uma determinação do seu superior! Então, foi uma ordem do todo poderoso? – perguntou em desvairo, olhando zonzo para o horizonte turvo e aguardando por uma resposta que não viria.

Seguidamente, empunhou a cachaça com mais raiva, deu um longo gole encolerizado, passou o avesso de uma das mãos sobre os lábios ardidos, cuspiu uma saliva seca, e totalmente fora de si, movido por um ímpeto indomável, arremessou a garrafa para longe bradando:

– Acha justo o que fez? Deveria ter vergonha da sua crueldade. Que mal lhe fiz para castigar-me desse jeito? É um Deus covarde! Covarde e injusto! – blasfemou, indignado, encarando o céu nebuloso – Fica aí sentado em seu trono blindado de rei, brincando com nossas vidas, testando nossos limites... Por que não desce daí de cima e vem aqui me enfrentar? Quais os seus procedimentos de punição? Como escolhe suas novas vítimas?

Quais as suas leis, os seus métodos?

— Sossegue-se — murmurou-lhe de repente aos ouvidos uma voz feminina — Deus não vai descer...

— Quem é você? — interrogou Gabriel assustado, certo de que ninguém lhe observava.

— Chamo-me Jocasta.

— O que fazes aqui?

— Bem, eu estava lhe olhando. Percebi sua agitação. Preocupada, resolvi aproximar-me.

— Preocupada? — estranhou de imediato — Você nem ao menos sabe quem sou.

— Não precisei saber quem você era para notar seu desassossego.

— Deus não poderia ter sido pior.

— Poderia sim...

— Duvido!

— Qual o seu nome?

— Do que importa? — replicou-lhe desiludido, desdenhando de si — Tanto faz! Nem sei mais o que sou... Nem, quem eu sou... Chame-me pelo nome que você quiser.

— O que houve?

— Vai mudar alguma coisa se lhe contar?

— Talvez!

— Como?

— Às vezes, não somos capazes de desfazer o que já foi feito, mas podemos sempre transformar aquilo que ainda há de vir.

— Não vejo mais sentido algum. Não tem mais futuro. A vida simplesmente acabou para mim.

— Acalme-se! Tudo passa.

— Será mesmo?

— O impulso vital e a rotação impiedosa dos dias, apagam as lágrimas, pouco a pouco.

— E depois?

— Depois, quando o seu pranto finalmente esgotar, seus olhos conseguirão ver melhor as saídas.

— Não tem saída, não vejo mais propósitos. Estou perdido!

— Meu filho — chamou-lhe afavelmente — Cedo ou tarde você vai perceber.

— Perceber? Perceber o quê?

— Que se perder também é caminho.

— Pode até ser, mas não nessa proporção. Não perdendo uma mãe.

— Lamento...

— Ela era retirante, viúva da seca, mulher valente. Veio pra cidade por minha causa, queria dar-me o que não teve — revelava-lhe ainda muito comovido, revivendo passo a passo da triste sina de sua mãe. Deixou de lado a sua habitual introspecção, contornou o choro com uma tosse rouca, e tanto bêbado quanto lúcido, continuou desabafando — Ela veio atrás de água, da água que Deus não manda lá pro sertão, pois é justamente a água, a mesma desejada e perversa água, que lhe rouba a vida. Isso é injusto, é desumano...

— Quando aconteceu?

— Ontem. Um dos barcos que acompanhava a procissão da tal Iemanjá foi a pique, afundou.

— Sinto muito...

— Pobre coitada! Partiu ingênua, morreu acreditando em Deus, santos, anjos e orixás — lastimava Gabriel insatisfeito, manifestando profunda raiva do destino — Eu não entendo. Não entendo mesmo...

— Não se preocupe em entender — interveio Jocasta — Viver ultrapassa todo entendimento.

— Mas como viverei daqui pra frente?

— Irá descobrir. Terá que descobrir. Do contrário, perdurará morto.

— Pois é justamente como estou me sentindo. Amortecido.

— Não se precipite ao caos, não ache que o mundo é do tamanho da sua compreensão — advertia-lhe denotando profunda sabedoria — Sua mãe não gostaria de lhe ver reduzido desse modo. Não renegue tudo que ela lutou para conquistar, nem jogue fora a chance que ela lhe deu.

— Por que se importa comigo? Por que me diz tudo isso?

— Talvez tenha sobrado algum instinto maternal em mim. Talvez eu seja bem menos estéril do que pensava.

— Menos estéril?

— Eu sempre quis ter filhos, mas nunca pude.

— Por que não?

— Nasci oca, sem útero — confessou-lhe espontaneamente.

— Desculpe, eu não queria ter sido indelicado. Acho que...

— Tudo bem, já passou. Faz tantos anos.

— Deve ter sido muito difícil aceitar — ponderou Gabriel.

— Quando soube que jamais poderia gerar um filho, reagi igual a você. Sofri, chorei, adoeci. Pensei que não suportaria aquela angústia. O meu mundo desmantelou — reconheceu Jocasta, e notando que ele a olhava com maior cumplicidade, prosseguiu — E para piorar ainda mais, o meu marido, que também sonhava muito em ser pai, abandonou-me quando soube do meu problema. Fiquei sozinha, perdida, sem sentido. Nem via mais motivo para existir. Desleixei-me, tive vontade de morrer, de sumir. Foram dias penosos, duros, sofridos. Mas, tempos depois, acabei não apenas aceitando as minhas privações, como superei os meus fantasmas.

— Como assim?

— Compreendi que, diante daquele estorvo, seria inútil lutar. O meu mal era incurável, eu teria que aprender a conviver com aquilo para sempre. Mediante todo esse tormento, notei que me restavam somente duas escolhas.

— Quais?

— Sucumbir de vez, entregar-me ou auferir de minha própria infelicidade uma grande motivação.

— E o que você fez?

— Transformei minha casa em um enorme orfanato. Hoje eu abrigo e cuido de crianças abandonadas. Tenho quarenta filhos, e mesmo sem útero, sinto-me mãe de cada uma delas.

— Puxa! — exprimiu Gabriel admirado. O efeito do álcool dissipou-se por completo, diante da benévola história que acabara de ouvir. E, sob o olhar agradável e ao mesmo tempo hipnótico daquela mulher, escutou-a falar-lhe mais:

— Como pode perceber as desventuras e os castigos divinos não são privilégios seus.

— Você tem razão, mas...

— Cure essa bebedeira. Sua dor ainda está muito recente, sua ferida não vai cicatrizar de uma hora para outra. Chore, sofra, brigue com Deus, mas, um dia, também descubra o seu atalho de superação. Siga em frente menino, o mundo não para nunca de rodar — aconselhou-lhe sabiamente. Depois, vendo que a lua por cima deles, timidamente pedia licença ao céu para transformar o entardecer em noite, despediu-se com um caloroso abraço e um afável beijo na testa:

— Cuide-se!

— Obrigado.

— Faça o meu exemplo valer a pena!

— Tentarei...

"Minha verdade espantada é que eu sempre estive só de ti e não sabia. Agora sei: sou só. Eu e minha liberdade que não sei usar. Grande responsabilidade da solidão. Quem não é perdido não conhece a liberdade e não a ama. Quanto a mim, assumo a minha solidão". (Lispector. Uma aprendizagem ou o livro dos prazeres, 1969).

CAPÍTULO 13

ABSORTO DA REALIDADE

Menos choroso – mas ainda bastante perturbado – Gabriel chegou finalmente de volta a casa. O silêncio soturno encontrado naquela sala escura condizia com o seu estado lânguido: o semimorto Sig, cabisbaixo, demonstrando uma espécie de luto animalesco, não saiu nem do lugar. Combalido, ficou imóvel na cozinha, retraído debaixo de uma mesa de copa, uivando seus derradeiros lamentos indecifráveis de cão. No final do corredor, trancado em seu quarto repleto de lembranças, Jovino nada escutava, nem nada percebia. Sedado de remédios e devastado de tristeza, dormia desassossegado em sua cama – agora vazia e inexpressiva.

A recente conversa com Jocasta, misturada ao intenso sofrimento, não lhe produziram nenhum efeito tão confortativo – e nem pudera. A morte inesperada de quem mais amava sem os anúncios atenuantes das doenças malignas, nem o corpo falecido dela para poder velar, deixavam Gabriel profundamente arrasado. Atônito e desprovido de estímulos instantâneos, buscou em vão o amparo do travesseiro. Deitou-se fadigado e sujo. Queria esquecer-se de tudo, esquivar-se dos fatos.

Tentou cerrar os olhos, imaginou coisas diferentes. Fez força para adormecer, para olvidar. Mas o sossego vagava longe do insignificante lençol que lhe cobria. Em seu lugar, cochilos turbulentos, interrompidos por pesadelos e delírios fizeram-lhe levantar encharcado de suor. Sem conseguir malograr a dor, nem diluir os tormentos, tomou um banho frio, trocou de roupa e ficou todo o resto da noite zanzando irrequieto de um lado para outro.

Nos dias seguintes – embora a saudade permanecesse progressiva – as aflições diminuíam paulatinamente. Dentro do seu limite humano, encarou os fatos com menos ódio, assimilou melhor a perda e respeitou um pouco mais as armadilhas impiedosas do destino. Temendo um futuro tedioso e procurando suavizar aquele estado mórbido de desgosto, pensou em retornar ao enredo do seu terceiro livro. Achava que lhe faria bem voltar a escrevê-lo. Julgava que, ao menos enquanto estivesse criando um mundo autônomo – através de suas tramas irreais – ficaria parcialmente livre de toda aquela mágoa recorrente.

Acreditando nisso, em uma típica manhã de verão – já na segunda quinzena de março daquele mesmo ano – entrou determinado na biblioteca. Fechou a porta, apanhou a sua estimada *Olivetti* de dentro do armário, retirou-a da caixa verde e, com a parte inferior dela sobre o colo, sentou-se no sofá. Ajeitou a fita de tinta, passou uma folha em branco pelo rolo e empurrou o carreto até a posição inicial. Contudo, antes de apertar a primeira letra no teclado, sem jamais desconfiar o que lhe ocorreria, foi surpreendido por uma incrível estranheza: de repente, sem a mínima explicação, todos os seus dedos enrijeceram e recolheram-se contorcidos.

Perplexo, percebeu que não vislumbrava nada além da brancura do papel. Não tinha ideias sólidas, nem a mesma inspiração de antigamente. Suas mãos paralisaram rígidas de incertezas. Sentiu-se débil, bloqueado, incapaz. Não conseguiu digitar uma mera palavra, nem arquitetava uma única frase coesiva na cabeça. Sem a menor lógica, a sua verve havia simplesmente secado de súbito e os pensamentos descondensavam sem formas.

Isento de atividade criadora – em menos de uma semana – viu todas as suas pretensões literárias caíram no mais profundo desânimo. Esmorecido, afundou-se numa introspecção melancólica. Sem sentidos vigorosos – nem a mínima energia moral para reerguer-se – desleixou-se da aparência: deixou o cabelo, a barba e as unhas crescerem. Perdeu peso, pouco se alimentava e vivia descontente, enfadado. Começou a beber e a fumar todos os dias. Cancelou também todas as aulas particulares, não queria mais ver gente e, cada vez menos, predispunha-se a sair, para qualquer lugar, onde a sua presença se fizesse necessária.

Dois meses depois, entretanto, em uma daquelas longas madrugadas estilhaçadas do final de maio, enquanto sem sono perambulava depressivo de um lado para outro – segurando um copo de vinho e um cigarro aceso – avistou casualmente uma peça de roupa da sua mãe estirada no varal dos fundos. De imediato, recordou-se dela com imenso saudosismo e da falta irreparável que ela lhe fazia. Sensibilizado, lembrou-se, instintivamente daquela moça estranha encontrada na praia e do quão nobre ela se mostrou ser. Confuso, reconheceu intrigado que algo de muito especial e diferente deveria existir por detrás da alma feminina.

Bebeu, fumou e ficou ali sozinho por mais alguns minutos, mergulhado em reflexões desordenadas. Lamentou-se por jamais ter se relacionado com alguma garota. Reconheceu decepcionado que tivera sido um sujeito incompleto, bisonho. Nem sequer havia tido namoradas, nem mesmo beijo na boca havia dado. Culpou-se por sua inexperiência, por sua virgindade. E, absolutamente envergonhado diante daquelas suas repentinas constatações, notou, ainda meio constrangido, que também não sabia pronunciar o nome de nenhuma escritora famosa. Quiçá por descuido próprio – ou por conta do machismo explícito daquela época – sempre lhe foram apresentados, em prosas e poesias, livros escritos por homens.

Parcialmente incomodado e a fim de redimir-se daquela privação de conhecimento, admitiu consigo que talvez não existisse um meio mais apropriado de desvendar os ignotos mistérios das mulheres senão as lendo. Fortemente incitado por isso, na manhã do dia seguinte, foi depressa até a loja de um livreiro amigo da professora Durvalina e sem maiores embromações, comprou quase todas as obras femininas disponíveis nas prateleiras.

Reascendido brevemente o seu interesse pela literatura e seduzido como nunca pelo universo do sexo oposto, retornou, carregando numa sacola, *Clarice Lispector*, *Virginia Woolf*, *Rachel de Queiroz*, *Simone de Beauvoir*, *Hilda Hilst* e outras tantas mulheres admiráveis.

"Lutei toda a minha vida contra a tendência ao devaneio, sempre sem jamais deixar que ele me levasse até as últimas águas. Mas o esforço de nadar contra a doce corrente tira parte de minha força vital. E, se lutando contra o devaneio, ganho no domínio da ação, perco interiormente uma coisa muito suave de se ser e que nada substitui. Mas um dia ainda hei de ir, sem me importar para onde o ir me levará." (Lispector. Jornal do Brasil, 1970)

CAPÍTULO 14

O VELHO MAGO

Apesar da imensa curiosidade – logo no início daquelas providas leituras – não reparou nenhuma diferença tão disparatada entre as variadas tramas costuradas por ambos os sexos. Desregrado, percorrendo superficialmente os olhos pelas sinopses e lendo à toa os prefácios, achava tudo meio parecido, meio uniforme. No entanto, aos poucos, esmiuçando atento parágrafo por parágrafo, observando minuciosamente as textualidades e analisando melhor as entrelinhas, certificou-se, extasiado, que as palavras femininas eram mais sublimes, descreviam os sentimentos com mais entrega, com mais primazia.

De ânimo levemente restaurado e atraindo-se mais e mais por toda aquela novidade cultivada, mal terminava de ler um livro e já emendava com outro. Empolgado, sem fazer qualquer distinção de estilo, ou demonstrar alguma predileção quanto às divergentes técnicas de narrativas, lia e relia compulsivamente. Desbravador, nas primeiras semanas, apreciava *Pearl S. Buck* durante as manhãs; *Agatha Christie*, às noites e deixava as tardes inteiras livres para recitar as convidativas poesias de *Cecília Meireles* e *Florbela Espanca*.

Impressionou-se com a epopeia da vidente e mártir francesa *Joana d'Arc*. Em seguida, encantou-se pela ousadia da pianista brasileira *Chiquinha Gonzaga*, em uma póstuma biografia. Porém, foi terminando de ler, casualmente, o diário secreto de um velho mago inglês que afirmava receber – na consecução dos seus rituais de magia – o espírito de uma poderosa bruxa chamada *Helen Palmer*, que o seu destino mudaria de curso. Com a personalidade imprecisa e suscetível de várias influências, Gabriel sentiu uma estranha força, uma vontade atípica. Totalmente deslumbrado por aquela história obscura de magismo, de uma hora para outra – misteriosamente – quis ser mulher.

O seu corpo andrógeno, ante aquela virilidade desusada, duelava inútil contra o estado de delicadeza e fragilidade que lhe consumia. Conturbado em desejos assexuados e de conduta movediça, acabou não sendo capaz de vencer o clamor robusto dos seus instintos extraviados. E, se em meio às transições fisiológicas da adolescência, imaculado, obtivera orgasmos revivendo as passagens das tramas mais excitantes que terminava de ler, agora – aos vinte e quatro anos – carecido de toda importância da figura materna, assistia, impotente, a sua anomalia exprimir-se de maneira mais invulgar, mais acentuada. De caráter volúvel e índole inconstante, desenvolveu rapidamente um esquisito transtorno de identidade de gênero.

Sem estímulos pessoais e com o psiquismo profundamente estonteado, Iludia-se que, vestido de mulher – somente assim –

conseguiria voltar a escrever. Mas, ao contrário do que poderiam pressupor alguns especialistas, aquele processo sensorial não seria propriamente um sintoma comum de distorção da preferência sexual, era mais uma espécie de fuga extrafísica, uma evasão inconsciente da vida concreta. Precisava dissimular a dor renitente da ausência da mãe. Queria redescobrir-se, apagar da memória tudo que havia acontecido. Desejava desaparecer através dos contos, realizar-se por entre os personagens. Almejava transitar por universos imaginários, criar roteiros afortunados, fabular cenários coloridos. Aspirava descrever algo ditoso, inventar enredos desiguais ao do seu passado fatídico e desventurado.

Persuadido por essa crença bizarra e submetendo-se às diversas mudanças que ela certamente acarretaria no seu cotidiano, passou a atuar com maior prudência. De sobreaviso, todas as noites, após constatar que Jovino dormia, caminhava discretamente para dentro da biblioteca, onde iniciava o seu rito de transformação: olhando-se sempre no mesmo pedaço de espelho quebrado, fazia a barba cuidadosamente, passava pó de arroz nas laterais da face, pintava os cílios com rímel, contornava os lábios com batom, colocava uma roupa de sua mãe e – com a máquina portátil sobre o colo – bebendo e fumando em demasia, escrevia madrugadas adentro. Depois, quando os raios de sol reluziam na janela, ele retirava toda pintura do rosto, voltava-se despintado para o quarto, ocultava os vestidos e o pequeno estojo de maquilagem de Lea embaixo da sua cama, deitando-se embriagado e indistinto.

Coincidentemente ou não, foi por intermédio dessa manifestação excêntrica de comportamento, por esse meio anormal de agir, que ele reconquistou todo o seu estro, toda a sua destreza literária. Em menos de uma semana – surpreendentemente – finalizou aquele terceiro livro abandonado, e sem adiamento, já cheio de animosas ideias, começou imediatamente o esboço do próximo. Sua inspiração voltava rápido, sentia-se supremo enquanto escrevia travestido. A cada novo anoitecer, achava-se mais excelso, mais sensível, bem mais poético. Todavia, tão disposto quanto decidido a prosseguir compondo dessa forma recôndita e singular, precaveu-se em tomar algumas medidas antes de levar as suas pretensões adiante.

Planejando esquivar-se de possíveis encontros casuais, migraria escondido por diferentes abrigos da cidade. E, para evitar – sobretudo – que Jovino desconfiasse de alguma coisa, resolveu articular uma meia verdade. Meticuloso, sairia de casa sob a desculpa esfarrapada de que viajaria para espairecer, para distrair-se. Dir-lhe-ia que necessitava de novos ares para reaver a sua verve, para recuperar o seu dom. Assumiria que tencionava voltar a escrever, mas, acautelado – convencido de que a omissão seria a sua escapatória mais honrosa – o enganaria afirmando categoricamente que só seria capaz de tornar a redigir se estivesse fora, longe, afastado.

Apesar da crônica depressão, de ter readquirido os cacoetes, as manias repetitivas e o uso vicioso dos remédios, não custou a Jovino acreditar no filho. Sem nunca presumir – contudo – o que realmente estava acontecendo com ele, também não hesitou em ajudá-lo nas despesas. Porque embora vivesse dopado por coquetéis de *anfetaminas* e afundado numa debilidade invencível, reconhecia – em meio àquela sua mal propícia paternidade – que Bentinho tivera sido a única graça remanescente de uma vida continuamente marcada por tragédias. Portanto, se ele queria viajar para desanuviar-se, ou se precisava distanciar-se para tentar ser mais feliz, não lhe negaria apoio, nem tampouco compreensão.

Ligeiramente comovido – mas denotando um resquício de altruísmo – desejou-lhe sorte, entregou-lhe uma considerável quantia em dinheiro, e mesmo conscientizando-se de que, a partir daquele momento, passaria a viver desamparado como outrora, mesmo prevendo que ficaria sozinho novamente, remoído por dolorosas lembranças de perdas e cercado por traumas invictos, consentiu – sem ressentimento algum – a partida inesperada do filho. Não obstante da sua autoridade de pai, compreendeu que seria digno deixá-lo livre. Trocaram abraços afetuosos, olhares cúmplices de pesares e cada um com o seu semblante violado – procurando mascarar mágoas inalteráveis – despediram-se emocionados.

Carregando vários tipos de apetrechos numa volumosa bagagem de mão e levando consigo um diminuto remorso por ter mentido para Jovino, Gabriel partiu um pouco mal distinto, em um entardecer opaco de julho. Avigorado – entretanto – hospedou-se primeiro numa simples pousada no bairro do *Pelourinho*, e ali dentro, sem jamais imaginar que a sua escritora preferida – a transcendente *Clarice Lispector* – enigmaticamente, em agosto do ano seguinte, utilizaria para assinar uma coluna de jornal, o heterônimo daquela miraculosa bruxa inglesa, João Bento Gabriel, obsesso pelo espírito de Helen Palmer, passou a escrever diariamente, vestido e pintado de mulher.

Embalado por esse ressuscitado sentido, frequentemente embriagado e afastando-se – sem dar-se conta – do bom senso de suas faculdades, terminou, em breves quarenta dias, o seu quarto livro. Guardando enrustido um intenso rancor por Iemanjá, desviando-se por isso dos lugares próximos das praias, e querendo de antemão suprimir qualquer remota possibilidade de ser desvendado ou caçoado por alguém, começou e concluiu o quinto romance, exilado por dois meses inteiros num rude dormitório individual de um antiquado e módico albergue defronte da tumultuada e comercial *Rua Chile*.

Parcialmente alienado das fatalidades cotidianas e privado das notícias do mundo, persistiu abstraído da civilização, aprisionado naquela sua rotina solitária. No entanto – ao célere decurso de mais algumas semanas – todo aquele isolamento alternativo, toda aquela escusação forçada da realidade acabou adoecendo-lhe silenciosamente. Perdendo a exata noção do tempo e intricado em sentimentos oscilantes, contraiu uma grave condição de fobia: cada vez menos se encorajava a sair da proteção que julgava ter no interior daqueles refúgios escolhidos. Tomado por conflitos introspectivos desmedidos, sem mais o domínio perfeito da própria sobriedade, raramente se desfigurava. Àquela altura, sentindo-se mais e mais efeminado, só se revestia de homem quando precisava sair para comprar comidas, bebidas e cigarros, ou quando se dispunha a telefonar para Jovino.

Mesmo assim, a despeito de todos esses tormentos, Gabriel ainda permaneceu escrevendo sem intermitências. Mantendo-se quase invisível, encafuado num abrigo arcaico de uma via transversal da *Avenida Sete de Setembro* – adjacente ao centro histórico da capital – finalizou, rapidamente também, o sexto livro. E sem maiores delongas, visualizando desde então, o contexto da sua futura trama, recolocou apressado todos os pertences de volta à mala, remitiu as dívidas atinentes ao período da sua última hospedagem, e seguindo à risca aquela postura neurótica, tratou urgente de buscar um outro escondedouro.

Entocado em um reles hotel perto da *Praça Castro Alves*, encerrou em apenas quinze dias a sua sétima obra e, como sempre fazia, sem presumir – todavia – que o seu plano estaria prestes a entrar em decadência, saiu à procura de uma guarida diferente. Mas, já em meados de dezembro, enquanto trancafiado num modesto quarto de pensão na *Rua Carlos Gomes*, romanceava sobre o sequestro de Edviges – uma jovem freira carmelita – fora acometido por sérias paranoias auditivas e visuais: além de passar a ser afligido por murmúrios recorrentes, em uma noite pacata de domingo, atravancado no décimo terceiro capítulo – daquele que seria o seu oitavo livro – defrontou-se, ao sair do banho, com o rosto sinistro de um desconhecido, fitando-lhe mudamente pelo reflexo do espelho do banheiro.

Levado pelo pânico, arrebatado por uma colérica sensação de inatividade, desceu esbaforido por três lances de escada até o alpendre inferior. Sem nem perceber que vestia uma camisola, caminhou azafamado para a antessala, empunhou o telefone do gancho, e, inteiramente fora de si – achando-se incapaz de exceder os limites de seus embaraços mentais – telefonou desesperado para Jovino. Bêbado e demonstrando certo desequilíbrio fônico, disse-lhe coisas irrefletidas, desconexas. Desnorteado, revelou-lhe também onde estava, desculpou-se previamente pelas mentiras, e propenso a contar-lhe tudo que de fato havia acontecido, pediu para encontrá-lo em trinta minutos...

―――――――――――

"Sou o que se chama de pessoa impulsiva. Como descrever? Acho que assim: vem-me uma ideia ou um sentimento e eu, em vez de refletir sobre o que me veio, ajo quase que imediatamente. O resultado tem sido meio a meio: às vezes acontece que agi sob uma intuição dessas que não falham, às vezes erro completamente, o que prova que não se tratava de intuição, mas de simples infantilidade. Trata-se de saber se devo prosseguir nos meus impulsos. E até que ponto posso controlá-los. [...] Deverei continuar a acertar e a errar, aceitando os resultados resignadamente? Ou devo lutar e tornar-me uma pessoa mais adulta? E também tenho medo de tornar-me adulta demais: eu perderia um dos prazeres do que é um jogo infantil, do que tantas vezes é uma alegria pura. Vou pensar no assunto. E certamente o resultado ainda virá sob a forma de um impulso. Não sou madura bastante ainda. Ou nunca serei." (Lispector. Aprendendo a viver, 2004).

―――――――――――

CAPÍTULO 15

ALUCINAÇÃO

Apavorado, com medo de retornar ao quarto e ressentir todas aquelas alucinações, Gabriel desligou o telefone atemorizado. Impaciente – porém – foi até a porta da entrada principal, esticou a cabeça para o lado de fora, e vendo que a calçada estava deserta, sem aparentar-lhe sinais de perigo, tomou coragem, reprimiu a sua aversão social, controlou o tremor das pernas, e, desorientado, aguardando ansioso a chegada de Jovino, saiu caminhando ao acaso, de encontro a um vento rasteiro, remoinhando das brechas dos paralelepípedos as folhas secas caídas das arvores e fazendo girar chacoalhando algumas latas vazias.

De pés descalços e sem rumo, vagueou por aquela estreitada e erma via. Perdido em pensamentos indecisos, perpassou aleatório por dois mendigos revirando restos de lixo em um tonel arredondado. Completamente desencaminhado, a mercê do seu instinto difuso, continuou andando distraído por mais alguns metros. Mas, quando alcançou um poste apagado – na esquina do *Largo Dois de Julho* – sem notar um vulto traseiro ao seu encalço, nem tomar como mau presságio um gato preto miando alto e roçando-se por suas panturrilhas, foi surpreendido repentinamente por algum objeto pontudo, encostando-lhe as costas com violência, junto ao rumorejo áspero e imperativo de um homem:

— Não se mexa!

— Quem é você? — sobressaltou-se.

— Alguém que quer justiça.

— Justiça? — repisou amedrontado, fazendo menção instintiva de voltear o tórax.

— Não olhe pra trás — hostilizou-lhe num timbre mais ameaçador — Eu mandei você ficar quieto!

— Está bem... — concordou compelido, sem opor-se — Está bem.

— Não penso duas vezes antes de puxar esse maldito gatilho.

— O que quer de mim?

— A verdade!

— A verdade? — indagou-lhe aturdido — Que verdade?

— Logo, logo, você vai saber.

— Mas... — gaguejou imóvel e tencionando contestar-lhe — O que lhe fiz?

— Você, nada — confirmou — Mas essa tal de Helen Palmer, ela me deve muito.

— Como sabe sobre Helen?

— Cale-se! — ordenou-lhe empurrando a arma com mais força contra as suas costelas — Quero que volte para o seu quarto comigo, e não deixe ninguém desconfiar de nada. Se tentar fugir, ou sair correndo, eu atiro. Juro por Deus! Atiro em você aqui mesmo!

— Por que isso?

— Sem perguntas. Mexa-se!

Empalidecido, com os lábios grudados e o coração descompassado, Gabriel nem sequer cogitou reagir. Vendo-se sem escolha — achando sensato não desobedecer-lhe — virou-se vagarosamente, evitando fazer movimentos bruscos. Olhando fixo para o chão, entrevendo pela sombra lateral formada no passeio, que o desconhecido lhe acompanhava de perto, apontando-lhe a saliência da arma por debaixo da roupa, seguiu acuado, rendido na frente dele. Dissimulando — em lentas passadas paralelas — chegaram despercebidos à entrada da pensão. Fingindo naturalidade, atravessaram todo o pátio do térreo, subiram pegados até o terceiro andar e, tão logo Gabriel fez abrir a porta do quarto, o sujeito proferiu uma raiva contida:

— Agora estamos sozinhos — considerou — Chegou finalmente a hora de acertarmos nossas contas.

— Eu não tenho muito dinheiro aqui — avisou-lhe prenunciando — Mas pode levar tudo que tenho.

— Acha mesmo que vim atrás do seu dinheiro?

— Não? — questionou-lhe absolutamente desentendido — E o que quer comigo então?

— Quero que você escreva.

— Como é que é?

– Quero que você pegue essa sua droga de máquina e escreva.

– Escrever? Mas escrever o quê? Do que você está falando?

– Não lembra mesmo de mim? – desafiou-lhe, criando intrigas e causando suspense – Vire-se! Olhe-me direito.

Somente naquele instante, Gabriel pode, enfim, desmascarar o dono daquela fala ríspida e impositiva. Temeroso – entretanto – com a testa ainda curvada para baixo, foi elevando a vista lentamente. Primeiro, viu uma bota longa de camurça bege com os cadarços forrados pela bainha de uma calça jeans desbotada, rasgada na altura do joelho. Sob a fivela brilhosa de um cinto largo, enxergou uma camisa de malha branca e surrada, coberta por um casaco envelhecido de couro escuro.

Na extremidade de um dos braços estirados, reparou que a arma empunhada entre os dedos compridos, exibia uma grossa aliança dourada. Um pouco mais acima, envolto às veias alteradas do pescoço, uma corrente oxidada, segurando a imagem de Cristo pregado na cruz, chamou-lhe atenção. Contudo, foi ao fitá-lo na altura da face que, revendo aquela enorme cicatriz de queloide do queixo à orelha, constatou boquiaberto:

– Você? – reconheceu-lhe de imediato.

– Exatamente!

– Não é possível!

– É sim! – asseverou-lhe ironicamente.

– Mas você... Você era o cara que... – pausou hesitante.

Estupefato, contorceu as sobrancelhas, engoliu saliva, e bastante admirado, salientou — Você era o sujeito que me olhava pelo espelho do banheiro.

— Eu mesmo!

— Como pode? — perguntou-lhe assombrado — O que faz aqui? O que quer de mim?

— A verdade, eu já disse.

— Que verdade é essa?

— Não sabe mesmo quem sou Gabriel? — Instigou-lhe novamente, e demonstrando certo sarcasmo, continuou caçoando-lhe — Ou prefere que lhe chame de Helen?

— Não faço a mínima ideia de quem seja você, muito menos como sabe sobre Helen.

— Tem certeza? Não se lembra mesmo de mim?

— Tenho! — afirmou-lhe irresoluto — Por quê? Eu deveria lembrar?

— Claro!

— Já fomos apresentados antes?

— Nós ultrapassamos essas formalidades, fomos além dessas cerimônias de boas etiquetas.

— Nós nos conhecemos? É isso?

— Digamos que intimamente.

— De onde?

— Ora, ora Gabriel. Você não reconhece as suas criações? Sou eu, Ramires.

— Ramires? — redarguiu-lhe pasmado, quase descrendo naquilo que acabara de escutar — Mas, Ramires... Ramires é...

— O seu personagem — antecipou-se reafirmando — Sou eu mesmo!

— Não pode ser — ponderou estarrecido — Devo estar sonhando.

— Experimente então não fazer o que eu mando, aí vai descobrir no céu ou no inferno se isso é mesmo um sonho.

— Como veio parar aqui?

— E que diferença isso faz?

— Como saiu de dentro do livro? Você é surreal, é inventado. É fruto da minha imaginação.

— Sabe por que não conseguia mais escrever? Sabe por que ficou travado naquele décimo terceiro capítulo?

— Não, não sei.

— Porque estava sendo desleal, estava sendo injusto.

— Como assim?

— Você iria me colocar de vilão, eu seria o perverso, o malvado sequestrador da freira Edviges... Em nenhum momento você descreveu minhas razões, nem sequer procurou saber dos meus motivos.

— Motivos? — arguiu-lhe atordoado — Quais motivos?

— Está vendo essa aliança em meu dedo?

— O que é que tem ela?

— Eu amava aquela mulher. Éramos noivos. Tínhamos um

pacto – revelou-lhe meio raivoso, afrontou-lhe ainda – Aliás, você nunca amou, não é mesmo? Não poderia entender jamais tudo o que eu sofri.

— Que diabos você está dizendo?

— Que talvez você não seja digno de escrever sobre o que desentende.

— Mas... Eu inventei você – assegurava-lhe azoinado – Eu criei essa história.

— E isso lhe dá o direito de ser leviano?

— Leviano?

— Acha que só porque me fez, eu serei o seu fantoche? Está pensando que vou ficar mudo como os seus outros personagens? Não vou permitir que você continue me caluniando desse jeito – advertiu-lhe decidido – Eu era apaixonado por Edviges, íamos nos casar, até o pai dela... Até ele descobrir tudo.

— O pai dela?

— Sim! Foi ele quem a internou forçada naquele convento. Consegue compreender a minha angústia?

— Bem... – tartamudeava confuso, ensaiando uma resposta.

— Eu não sou esse criminoso que você escreveu, eu iria sequestra-la sim, mas era tudo por amor. Ela também me ama, ela também deseja fugir de lá comigo. Deixe-nos livre.

— Eu mando na minha trama – experimentou retrucar-lhe – E vou contá-la como bem achar melhor.

— Não! – replicou-lhe irritado – Não essa, não sobre a minha vida. Essa eu irei contar. Não vou deixar que você me desonre mais – inferiu nervoso. Enfurecido, puxou a cadeira para frente da cômoda, colocou uma folha de papel em branco na máquina, apontou-lhe a arma na cabeça e intimidou-lhe resoluto – Você já falou demais. Agora chega. Sente-se aqui, cale a boca e escreva. Vou ditar-lhe o que realmente aconteceu comigo e Edviges.

"Uma vez eu irei. Uma vez irei sozinha, sem minha alma dessa vez. O espírito, eu o terei entregue à família e aos amigos com recomendações. Não será difícil cuidar dele, exige pouco, às vezes se alimenta com jornais mesmo. Não será difícil levá-lo ao cinema, quando se vai. Minha alma eu a deixarei, qualquer animal a abrigará: serão férias em outra paisagem, olhando através de qualquer janela dita da alma, qualquer janela de olhos de gato ou de cão. De tigre, eu preferiria. Meu corpo, esse serei obrigada a levar. Mas dir-lhe-ei antes: vem comigo, como única valise, segue-me como um cão. E irei à frente, sozinha, finalmente cega para os erros do mundo, até que talvez encontre no ar algum bólide que me rebente. Não é a violência que eu procuro, mas uma força ainda não classificada mas que nem por isso deixará de existir no mínimo silêncio que se locomove. Nesse instante há muito que o sangue já terá desaparecido. Não sei como explicar que, sem alma, sem espírito, e um corpo morto — serei ainda eu, horrivelmente esperta. Mas dois e dois são quatro e isso é o contrário de uma solução, é beco sem saída, puro problema enrodilhado em si. Para voltar de 'dois e dois são quatro' é preciso voltar, fingir saudade, encontrar o espírito entregue aos amigos, e dizer: como você engordou! Satisfeita até o gargalo pelos seres que mais amo. Estou morrendo meu espírito, sinto isso, sinto..." (Lispector. Aprendendo a viver, 2004).

CAPÍTULO 16

FINAL

14 de dezembro de 1958
22h 15min

Afora a enorme perplexidade ao descobrir subitamente que Bentinho permanecera escondido na cidade por todos aqueles meses, além de ter notado uma imensa perturbação na voz dele pelo telefone, há muito tempo Jovino já andava meio intrigado: começara a achar estranho o prolongamento descabido daquela que seria apenas uma viagem recreativa. Cismava, também, com o sumiço inexplicável de quase todas as vestes de Lea de dentro do guarda-roupa. Conquanto — mesmo sem vislumbrar qualquer correlação lógica entre ambos os fatos — imediatamente depois daquela confissão aflitiva do seu filho, ele ficou ainda mais absorvido: as suas pálpebras voltaram a piscar freneticamente, e o pescoço revolvia-se sem parar.

Consumido por dúvidas e temendo uma desgraça, colocou ligeiro uma camisa de botão, mastigou afoito três tabletes de *aspirinas*, cheirou dois comprimidos de calmante, e antes de seguir direto para rever Bentinho — sem a menor desconfiança do que estaria por desvendar – caminhou inquieto até a igreja. Bateu forte na portinhola da sacristia, e sem se valer do bom senso, nem das boas normas, aos berros atribulados, acordou o Padre Plínio. Desculpou-se pelo desjeito, pela falta de educação. Explicou-lhe abreviadamente o que estava acontecendo, pediu-lhe para acompanhá-lo e, sem maiores rodeios, com o endereço no qual estaria Bentinho anotado no canhoto de uma bula de remédio, seguiram juntos até a *Rua Carlos Gomes*.

Quando o carro de praça parou na frente da pensão do seu Bené, eles desceram, igualmente, apreensivos. Sem ninguém a postos na recepção, percorreram depressa todo o pátio e subiram diligentes pelas escadas. No último degrau que dava acesso para o corredor do terceiro andar, ouviram um diálogo indecifrável, intercalado por cadenciadas batidas datilografadas. Mais adiante, alcançaram o quarto 301, de onde provinha toda aquela conversação. Vendo a porta entreaberta, todavia convictos de que Bentinho estava acompanhado, Jovino entrou primeiro, sem muito alarme. Mas, tão logo os seus pés cruzaram a soleira, defrontou-se, permeio a uma bagunça imunda, com o seu filho sozinho e, visivelmente transtornado: vestindo uma camisola, com a mão esquerda apontando um revólver contra a própria cabeça, enquanto os dedos da outra mão tremulando, digitavam – na máquina de escrever – letra por letra.

– Afastem-se – ordenava-lhes forçando um timbre mais rouco, pensando ser Ramires – É melhor fazerem o que ele manda

– aconselhava-lhes em seguida, retomando a sua voz normal.

– Acalme-se – interveio o Padre Plínio – Abaixe essa arma.

– Quem chamou esse velho aqui? – perguntou-se sentindo ser o seu personagem – Não faça nada com eles, Ramires. Por favor, deixe-os em paz – rogava consigo, confundindo a sua identidade.

– Você está só meu filho! Não tem ninguém ao seu lado – afirmava-lhe Jovino, tentando, de algum modo, minorar aquela nítida paranoia.

– O que ele está dizendo? – indagou-se interpretando Ramires e, totalmente desatinado, prosseguiu oscilando várias entoações diferentes – Meu pai, é melhor o senhor sair daqui, eu cometi um erro no meu livro e preciso me redimir – É melhor você mandar todos saírem daqui! Está me ouvindo Gabriel? – Façam o que ele pede. Tudo vai ficar bem. Eu prometo.

– Você está sozinho Gabriel – reforçava Padre Plínio – Não consegue perceber? Não tem ninguém aqui além de nós três.

– Cale a boca, seu idiota! – dizia com um tom mais nervoso – Não fale assim com ele! – reprimia-se instantaneamente – Eu vou desfazer a história e recontá-la com seus motivos, do seu jeito.

– Acredite em mim, meu filho – implorava-lhe Jovino desesperado, com medo que ele atirasse – Você deve está tendo um delírio! Essa pessoa que você está vendo, ela não existe. Pense bem. Por que eu lhe mentiria?

– Não sei... – abrandava a fala e contestava-se – Não percebe que ele está blefando? Blefando como? — questionava-se ensandecido — Sei lá! Talvez ele queira descontar a mágoa por você o ter abandonado — respondia-se.

— Eu jamais faria isso. Você foi tudo que me restou, lembra?

— Tem razão — consentiu mais sereno, refletindo por segundos — Porque meu pai mentiria para mim, Ramires?

Valendo-se por um lampejo de lucidez, Gabriel — em meio aos seus ativos entraves psíquicos — retomou parte da consciência e compreendeu que Jovino só poderia estar mesmo falando a verdade. Um pouco mais moderado, tornou a olhar por sobre seus ombros, e, de repente, não mais enxergou o seu personagem. Ramires havia simplesmente sucumbido. Tolhido de sensações conflituosas e com a cabeça dando sinais evidentes de esgotamento, o seu corpo, enfraquecido, cambaleou frouxo na cadeira. Atônito, soltou a arma sobre a perna e, assustado com tudo aquilo que acabara de vivenciar — sentindo-se a beira da loucura — pôs-se a chorar copiosamente, recostado na cômoda.

Padre Plínio o confortou, repetindo-lhe algumas palavras de afeto, enquanto Jovino, prudentemente, tratava rápido de esconder o revólver. Depois de mais alguns minutos de tensão, quando tudo, enfim, parecia ter se acalmado, os três juntos deixaram a pensão do seu Bené. Preocupado com a saúde alterada do filho e convencido de que ele precisava urgentemente de algum tipo de ajuda, tomaram um novo carro de praça e, sem perder mais tempo — naquela mesma madrugada tumultuosa de segunda-feira —

seguiram às pressas para um respeitado hospital. Chegando lá, Gabriel – ainda muito eufórico – foi provisoriamente despido, preso numa camisa de força, sedado com uma injeção de tranquilizantes e encaminhado para um recente ambulatório de psiquiatria, onde ficou o resto da noite desfalecido.

Na manhã seguinte – aconselhado pelos médicos – Jovino resolveu transferi-lo imediatamente para um hospício. Sendo mais bem avaliado por especialistas, passou por uma série de exames neurofisiológicos, respondeu questionários de *anamneses* e foi diagnosticado com raríssimos casos de psicopatologias registrados na área de saúde mental daquela época. Provavelmente, em virtude da perda da mãe, Gabriel teria desenvolvido um *Transtorno da Personalidade Esquizoide*, com comorbidades de *Fobia Social* e de *Fetichismo Transvéstico*.

Permaneceu internado por mais ou menos um mês. Recebeu tratamento intensivo a base de *Clorpromazina* com *Veronal*, e sofreu sessões constantes de *eletrochoques*, antes de voltar para casa quase curado, em janeiro de 1959. Por via das dúvidas, porém, os psiquiatras, satisfeitos com os resultados, mantiveram prescritos os mesmos *Antipsicóticos* associados aos *Barbitúricos*, por tempo indefinido. Para afastar possíveis recaídas, além de conservar a sua sobriedade inviolada, também lhe recomendaram que evitasse as leituras de livros. Mas, sobretudo, ficou terminantemente contraindicado, que ele – sob hipótese alguma – voltasse a escrever.

E ao que tudo indica, em julho de 1959, após separar-se do marido, Clarice Lispector regressou ao Brasil com seus dois filhos. Cercada de dúvidas e vendo-se em mais uma fase delicada de sua vida, resolveu – como de costume –, recorrer aos prognósticos das cartas. Sentada no sofá de uma pequena antessala, em um prédio velho no bairro do Leme, enquanto aguardava ser atendida pela famosa *Irmã Zoraide*, entre um cigarro e outro, tivera conhecido um baiano, bem educado, de bigode fino, com 'um chamativo cacoete nas pálpebras.

Durante uma prosa informal, o homem – mastigando comprimidos de remédios e contorcendo o pescoço de um lado para o outro – não dissimulava o seu fascínio pela escritora, muito menos conseguia disfarçar todo o espanto diante daquela incrível coincidência. Todavia, sem que ele percebesse, era a própria Clarice que estava mais e mais dominada por encantamentos e profundamente enfeitiçada pela magnífica história contada por ele sobre João Bento Gabriel, Lea Leopoldina e Helen Palmer.

Uns dizem que Clarice teria se maravilhado tanto com a revelação daquele estranho, a ponto de decidir – em agosto desse mesmo ano – assinar a coluna no jornal *Correio da Manhã* sob o pseudônimo de Helen Palmer. Outros negam que esse encontro tenha realmente existido. Ao menos, fora do plano ficcional dessa trama. Afirmam que ela também já teria lido algo sobre aquela misteriosa bruxa inglesa e que por isso, coincidentemente apenas, adotou esse prenome. Talvez seja tudo mesmo verdade. Talvez não. E quem sabe descobriríamos mais a respeito se, em 1975 – durante o Primeiro Congresso Mundial de Bruxaria – ao revés de ter dissimulado uma repentina indisposição – Clarice não tivesse, inexplicavelmente, improvisado um discurso diferente do texto sobre magia que havia elaborado para o começo da sua apresentação [1].

---

[1] "Eu tenho pouco a dizer sobre magia. Na verdade eu acho que nosso contato com o sobrenatural deve ser feito em silêncio e numa profunda meditação solitária. A inspiração, em todas as formas de arte, tem um toque de magia porque a criação é uma coisa absolutamente inexplicável. Ninguém sabe nada a propósito dela. Não creio que a inspiração venha de fora para dentro, de forças sobrenaturais. Suponho que ela emerge do mais profundo "eu" de uma pessoa, do mais profundo inconsciente individual, coletivo e cósmico. Mas também é verdade que tudo o que tem vida e é chamado por nós de "natural" é na verdade tão inexplicável como se fosse sobrenatural. Acontece que tudo o que eu tenho a dar a vocês é apenas minha literatura. Alguém vai ler agora em espanhol um texto que eu escrevi, uma espécie de conto chamado "O ovo e a galinha", que é misterioso mesmo para mim e tem sua simbologia secreta porque, se vocês tentarem apenas raciocinar, tudo o que vai ser dito escapará ao entendimento. Se uma dúzia de ouvintes sentir o meu texto, já me darei por satisfeita. E agora por obséquio ouçam "O ovo e a galinha".

CLARICE LISPECTOR RETORNA

(Mensagem Psicografada)

Das coisas que eu vi e, lentamente, fui descobrindo o mundo das causas, de onde tudo se inicia para surgir no mundo concreto das formas transitórias. Levantei os olhos e deparei-me com a inusitada realidade, plena, insofismável, atordoante, embora calma e serena, mas provocando um turbilhão de ideias novas, de perguntas sem respostas completas, pois tudo depende de meu próprio esforço em penetrar essa dimensão real e alargar as minhas fronteiras mentais.

Eu sou ainda o coração selvagem, um pouco domesticado pela dor, pelo imprevisto, pela sensação diferente de ser mais viva agora do que quando pensava que era muita coisa. Mas trago a mesma paixão indormida, que instiga sempre a busca, não permitindo paradas, vencidas as estações supostamente finais de qualquer lugar ou tempo. Não. Devo viver completamente, com eterna ânsia, este aprendizado que não cessa.

Não estranhem que eu lhes dirija a palavra, sabemos que aqui não se consideram certas formalidades, pois tudo o que ocorre têm antecedentes ou necessidades imediatas. Comunicação é algo difícil entre nós e vocês – os que transitam no corpo físico –

, embora seja tão citada, o meio adequado é sempre alguém que não se coaduna com o nosso pensar e o nosso fazer, os ditos médiuns. Conseguir um que tenha certa flexibilidade, a quem se possa dizer algumas coisas e ser entendida, no essencial, pelo menos, é a grande questão. Vocês dois, Guto e Suely, me parecem especialmente simpáticos e sintonizados. Pensem em mim, de vez em quando, para que nos aproximemos um pouco mais, talvez, eu possa escrever coisas novas (?) – compreendam: novas para meu habitual ofício, mas antigas, do tempo do mundo, e novas para os que foram os meus leitores de hoje.

Novas – são as impressões que me preenchem a vida espiritual. Novos – são o entendimento e o aprendizado a que me dedico. Novos – são os parâmetros que me norteiam os passos. E anseio dizer aos quatro ventos, mesmo que muitos não creiam. Vale a pena tentar. É o "*continuum*" da vida, sempre estuante e plena, libertadora, eis que me livrei do jugo dos preconceitos intelectuais e me coloco como os primeiros escribas, com os papiros e estiletes à mão, para grafar as verdades que agora fazem parte de mim, como se jamais alguém disso soubesse ou revelasse, como se não houvesse ninguém mais no mundo.

Espírito de Clarice Lispector pela Médium Suely Caldas Schubert (Juiz de Fora – MG 14/1/99)

Ⓞ Primero Enigma

Será que os inúmeros admiradores, pesquisadores, críticos, estudiosos, jornalistas, biógrafos, artistas, leitores, e outros tantos curiosos estavam todos enganados, enquanto almejavam decifrar um enigma inexistente em Clarice? E além daquela expressão turva, envolta por uma aura obscura e intrigante, a escritora não guardava mesmo nenhum mistério, nenhum segredo, nada de extraordinário para ser revelado? Ou será que, enquanto muitos pretendiam desvendar os seus estilos literários, não percebiam que era justamente através dos seus estilos literários que ela revelava alguns dos seus segredos?

Publicada em 1964, e considerado por muitos críticos como um dos livros mais importantes da literatura brasileira, **A Paixão segundo G.H.** talvez não fosse somente a 5ª obra da sua autoria, muito menos se destacasse apenas por ter sido o seu 1º livro narrado em primeira pessoa. Talvez, o seu maior valor, estivesse na análise criteriosa das suas duas simbologias ocultas.

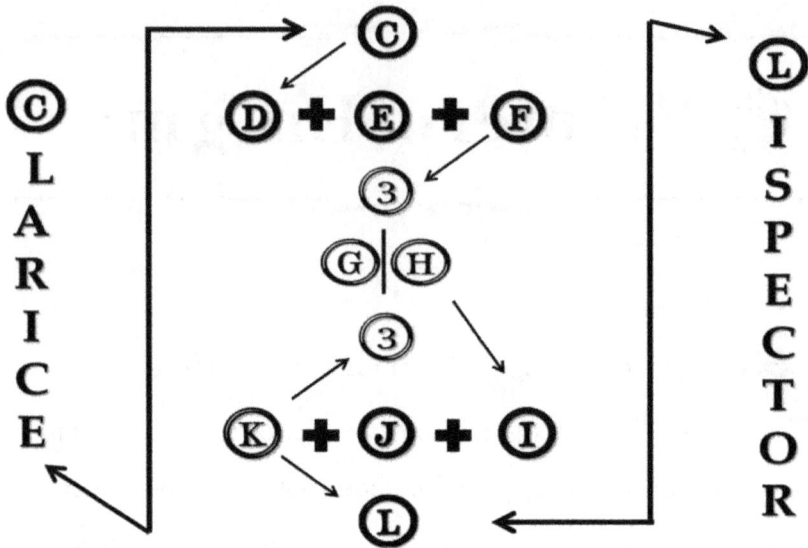

Primera Simbología

Conforme ilustração observa-se que as iniciais que nomeiam a protagonista do livro **G | H** possuem um ponto concêntrico entre o **C | L** (as iniciais da autora CLARICE LISPECTOR) **(C)** + d + e + f < 3 > **G | H** < 3 > + i + j + k **(L)** De maneira simétrica, entre o **C** e o **G** existem 3 letras (d + e + f), assim como entre o **L** e o **H** (i + j + k). Em um livro em que o cerne da história é a busca da própria identidade, a presença de CLARICE LISPECTOR espelhada em sua personagem, mostra-se mais evidente do que as diversas características análogas usadas na narrativa da obra.

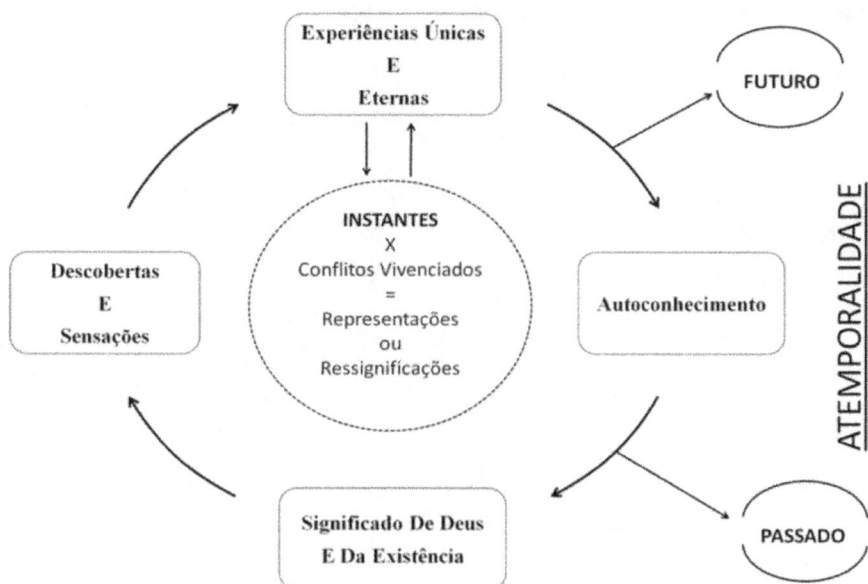

Segunda Simbología

O Romance é dividido em capítulos de sequência sistemática: cada um começa com a mesma frase que encerra o anterior. Dessa maneira, a interrupção proposta como elemento de continuidade, representa alegoricamente que nenhuma experiência se repete, nem cessam. E através deste mesmo ciclo atemporal usado pela autora – sem passado ou futuro – o tempo se revela infinito por intermédio dos conflitos vivenciados que formulam cada instante como único.

―――――――――― × ――――――――――

A análise correlacional dessas duas simbologias nos permite considerar – de maneira incontestável que – a obra transmite o caráter inacabado do mundo, da vida, e do ser humano. Representado pela própria Autora projetada na sua personagem.

O Segundo Enigma

A própria Clarice descreveu: "O sete é o número do homem. A ferida mais profunda se cura em sete dias se o destruidor não estiver por perto [...] O número sete era meu número secreto e cabalístico". Há sete notas com as quais podem ser compostas "todas as músicas que existem e que existirão"; e há uma recorrência de "adições teosóficas", números que podem ser somados para revelar uma quantia mágica. O ano de 1978, por exemplo, tem um resultado final igual a sete: $1 + 9 + 7 + 8 = 25$, e $2 + 5 = 7$. "Eu vos afianço que 1978 será o verdadeiro ano cabalístico. Portanto, mandei lustrar os instantes do tempo, rebrilhar as estrelas, lavar a lua com leite, e o sol com ouro líquido. Cada ano que se inicia, começo eu a viver outra vida."

E, embora Clarice tenha morrido pouco tempo antes de começar esse então ano cabalístico, por que aquela sua predileção obsessiva e devocionista, justamente pelo número 7 (Sete)? O que ele representava na cabala? Qual o seu significado no ocultismo? E de que maneira ele influenciava na vida da escritora?

—————————— × ——————————

A Numerologia é o estudo de como as coisas se dividem no universo conforme sua estrutura vibracional. Tudo que existe vibra, e cada vibração possui uma frequência numérica. Assim, todos possuem uma faixa vibracional própria, classificadas em códigos numéricos. Segundo os cabalistas, nos números se escondem forças desconhecidas, e sem o entendimento dos seus significados, deixaremos de perceber diversas conexões, e sinais relevantes para nossas vidas. A compreensão desses códigos numéricos nos revelaria a magia do universo em harmonia com o nosso interior.

Na numerologia, o 7 é considerado o número de Deus, da perfeição, da espiritualidade, do misticismo e da introspecção. Simboliza a totalidade do universo em movimento: os 7 dias da semana, os 7 planetas visíveis, as 7 cores do arco-íris, as 7notas musicais, duram 7 dias as 4 fases da Lua. Os 7 Sacramentos, os 7 anjos que conforme o Apocalipse, estão sempre diante do trono de Deus. O 7 é considerado um número de excelência, não apenas entre os ocultistas, como também para as diversas religiões e seitas. Desde as mais primitivas até as mais modernas. "Deus descansou no 7º dia depois de toda obra que tinha feito. E abençoou o 7º dia". A partir de então, um tempo também foi instaurado ao ritmo universal quando Deus decidiu que a semana teria 7 dias, e determinou que o 7º dia deveria ser sagrado, dedicado ao descanso. Na oração do Pai Nosso – entre o princípio e o fim – encontram-se 7 petições:

1. Santificado seja o Vosso nome;
2. Venha a nós o Vosso reino;
3. Seja feita a Vossa vontade, assim na Terra como no Céu;
4. O pão nosso de cada dia nos dai hoje;
5. Perdoai as nossas dívidas assim como perdoamos aos nossos devedores;
6. Não nos deixeis cair em tentação;
7. Livrai-nos do mal.

Existem 7 virtudes em oposição aos 7 pecados capitais:

1. Castidade ≠ Luxúria;

2. Caridade ≠ Avareza;

3. Temperança ≠ Gula;

4. Diligência ≠ Preguiça;

5. Paciência ≠ Ira;

6. Bondade ≠ Inveja;

7. Humildade ≠ Vaidade.

7 Anjos Superiores governam os 7 planetas do nosso sistema solar, com 7 metais confluentes para atração de cada força planetária:

1. Gabriel → Lua → Prata;

2. Raphael → Mercúrio → Azougue;

3. Uriel → Vênus → Cobre;

4. Michael → Sol → Ouro;

5. Samael → Marte → Ferro;

6. Zachariel → Júpiter → Estanho;

7. Orifiel → Saturno → Chumbo.

Os Princípios da Verdade são 7 – e estão determinados nas 7 Leis Herméticas:

1. Lei do Mentalismo;

2. Lei da Correspondência;

3. Lei da Vibração;

4. Lei da Polaridade;

5. Lei do Ritmo;

6. Lei do Gênero;

7. Lei da Causa e Efeito;

São 7 as Obras de Misericórdia (Ceder Conselho, Instruir os Menos Esclarecidos, Corrigir os Errantes, Consolar os Aflitos, Perdoar as Injúrias, Suportar as Fraquezas do Próximo, e Rezar pelos mortos e vivos). No Apocalipse de São João encontram-se 7 Estrelas, 7 Igrejas, 7 Selos, 7 Candelabros, 7 Anjos, 7 Trombetas, 7 Coroas, 7 Trovões e 7 Taças. São 7 os sacramentos da igreja (batismo, confirmação, eucaristia, penitência, ordem, matrimônio, extrema -unção). 7 são as Leis Universais (Natureza, Harmonia, Correspondência, Evolução, Polaridade, Manifestação , e Amor). São 7 as personalidades de Deus (Luz Eterna, Onisciência, Retidão, Poder, Piedade, Benevolência e Vida Eterna). 7 também são os dons do Espírito Santo (Sabedoria, Entendimento, Conselho, Fortaleza, Ciência, Piedade, e Temor a Deus). 7 fases inteiram o ciclo humano (Embrião, Infância, Adolescência,

Juventude, Virilidade, Maturidade e Velhice). Possuímos 7 principais glândulas endócrinas (hipófise, tireoide, paratireoide, suprarrenal, timo, pâncreas e sexuais), assim como temos 7 chacras (Básico, Esplênico, Umbilical, Cardíaco, Laríngeo, Frontal e Coronário). 7 foram os grandes mensageiros (Krisna, Buda, Lao-Tsé, Confúcio, Zoroastro, Moisés e Jesus).

7 são as maravilhas do Mundo Antigo (Pirâmide de Gizé, Templo de Ártemis, Estátua de Zeus, Mausoléu de Halicarnasso, Colosso de Rodhes, Farol de Alexandria, e os Jardins Suspensos da Babilônia), e igualmente 7 são as maravilhas do Mundo Moderno (Chichén Itzá, Coliseu, Cristo Redentor, Muralha da China, Machu Picchu, Ruínas de Petra, e Taj Mahal). 7 cores tem o prisma, as mesmas 7 que formam o arco-íris (Vermelho, laranja, amarelo, verde, azul, índigo e violeta). São 7 trombetas apocalípticas. 7 véus de Isis.

O Templo de Salomão foi construído em 7 anos. A Torre de Babel tinha 7 degraus. A Hidra de Lerna tinha 7 cabeças. 7 foram as pragas do Egito (Mar Sanguento, Rãs, Moscas, Gafanhotos, Piolhos, Peste no rebanho, e Morte dos primogênitos). 7 foram as Profecias Maia. Existem 7 orifícios na cabeça humana (2 olhos, 2 ouvidos, 2 narinas, e 1 boca). 7 eram os tubos da Flauta de Pan. São 7 as belas Artes (Desenho e Pintura, Literatura, Música, Escultura, Cinema, Decoração e Arquitetura). Existem 7 meios para o homem se tornar puro (Domínio de si mesmo, Investigar a verdade, Energia, Alegria, Serenidade, Concentração e Magnanimidade). 7 camadas tem a nossa pele. Foram 7 as chagas de Cristo. E 7 são as notas musicais, com 7 escalas, 7 pausas e 7 valores.

A Árvore da Vida (**Figura 1**) é uma alegoria cabalista que representa a manifestação harmoniosa dos planos espirituais, as suas conexões, e a interiorização destes planos dentro do próprio homem. É um diagrama com os princípios que regem o Universo. Revela o fluxo de forças que descem do Divino para o Mundo Inferior, e que retornam novamente para ele. Na Árvore da Vida, o número 7 representa a ETERNIDADE (**Netzach**). É conhecida como Esfera das Ilusões. Na magia cabalística,

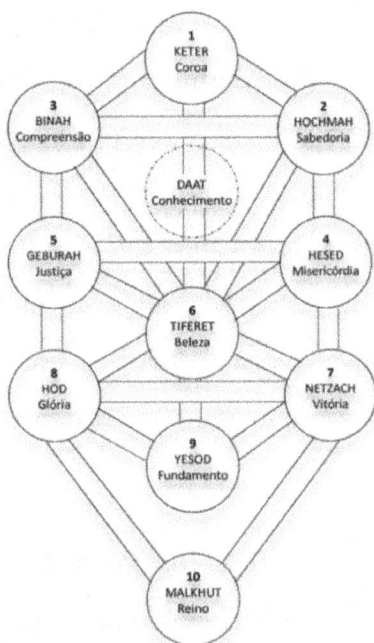

Figura 1

essa Sephirah corresponde ao grau de *Philosophus* (4° = 7°). Seu texto Yetzirático é: "O 7° Caminho, chamado de Inteligência Oculta, pois é o esplendor refulgente das virtudes intelectuais, percebidas pelos olhos do intelecto a pelas contemplações da fé"

E assim, poderíamos continuar enumerando muitos outros setenários. Sobretudo, acrescentando diferentes adições teosóficas (cálculos que possuem o 7 como resultado). No entanto, para descortinarmos o 3° e mais importante ENIGMA, devemos considerar as seguintes explicações da Antropologia Gnóstica sobre a cosmogonia: "Sob o ponto de vista teosófico e gnóstico, é dado a cada planeta 7 Raças-Raízes para atingir a evolução planetária, no planeta Terra são":

1ª Raça Protoplasmática;

2ª Raça Hiperbórea;

3ª Nascidos do Ovo ou Lemuriana;

4ª Atlante;

5ª Ária;

6ª Futura Raça;

7ª Raça Depois Da Sexta.

_____ ✕ _____

Parece que de maneira convergente e intrigante, os aspectos obscuros da escritora surgem sempre ligados a ideia de continuidade, permanência, renascimento. No 1° ENIGMA, por exemplo – através da narrativa anacrônica utilizada no romance A Paixão segundo G.H. – revela-se o caráter inacabado da vivência humana, representada pela própria autora em projeção das experiências da sua personagem. Nesse 2° ENIGMA descobrimos que o número secreto e cabalístico utilizado e cultuado por Clarice, o 7 representa a Eternidade. Assim como, de acordo com os conceitos da Teosofia, o 7 simboliza o Atman, o mais elevado princípio do ser humano, a essência divina e imortal do homem. E em conformidade com esses pensamentos, alguns estudiosos já destacavam: "(...) seus escritos desenham um retrato invisível e inacabado da unidade do ser diante da diversidade dos seres humanos. Em sua concepção, há coisas que nos antecedem e que nos sucedem, coisas sobre as quais nem sempre podemos dizer tudo. Ela incorporou isso em seus textos. O que há são "inícios inacabados" e finais sem fim, inconclusos.

Talvez a escritora soubesse de algumas histórias que nunca saberemos nem o começo, nem o fim (...) Seus personagens passam pelas experiências da vida/morte/vida, da consciência e do amor; renascem, simultaneamente, em si e para si. Quem não passa por tais experiências não pode se permitir ao novo e ao desconhecido, não pode se abrir a Deus, ao amor, ao outro e ao mundo (...) Com esse recurso, a escritora se aproxima da matéria bruta do real, o substrato que faz nascer o pensamento, a vida, o sopro; lugar de onde vem a consciência e o amor".

❂ Terceiro Enigma

Por que em Agosto de 1975, enquanto palestrava no Primeiro Congresso Mundial de Bruxaria, Clarice pediu para lerem seu conto "O ovo e a Galinha"? Será que a misteriosa escritora, dona de tantas escrituras epifânicas, conhecida como A Grande Bruxa Da Literatura Brasileira, versada em cabala e praticas ligada ao ocultismo, apresentaria em um congresso mundial de bruxaria um texto tão insignificante? Mas afinal, qual a coerência entre o conto O ovo e a Galinha e a temática sobre literatura e magia?

―――――――――― ✕ ――――――――――

― Nascidos Do Ovo (Ou Lemuriana) ―

Segundo a Teosofia, foi a terceira Raça-raiz desta Ronda. Esta Raça viveu em um continente chamado Lemúria. Supõe-se que ela tenha surgido há 22 ou 23 milhões de anos. Os lemurianos já tinham as formas físicas bem diferentes das raças anteriores, e também bem diferentes de nossa raça. Eram gigantes com mais de 4 ou 5 metro de altura, seus braços e pernas eram bem mais compridos, suas orelhas eram tão grandes que tocavam os ombros. Eram seres esplêndidos e possuíam o poder da vontade de forma descomunal. Com uma simples vontade podiam fortalecer um braço, por exemplo, para pegar o tronco de uma árvore ou pesos muito mais elevados. O poder da vontade que possuíam eram o suficiente para criar seus castelos sem se utilizar à engenharia.

Seus olhos eram bem separados mais parecendo olhos de pássaros nas laterais, onde enxergavam a parte frente e de trás. Os Lemurianos desenvolveram um olho no meio da testa foi onde ficaram conhecidos como os Ciclopes " da mitologia. Com este olho no meio da testa, tinham o poder de enxergar as várias dimensões do universo. Quando eles olhavam o ar viam as entidades que habitam no ar, viam as entidades da terra, as entidades da água e as entidades do fogo. Os Lemurianos enxergavam a alma das pessoas que morreram da mesma forma que vemos em vida.

Através deste olho exatamente no chacra Ajna e seus supra sentidos, enxergavam até a vida nos outros planetas, etc. Quando chegavam à hora de sua morte, o próprio lêmure cavava sua sepultura e deitava nela para desencarnar em paz.

Os lêmures aceitavam a morte com naturalidade, pois suas percepções extra -sensoriais eram mais desenvolvidas, e continuavam vendo os mortos normalmente. Com o passar de milhares de anos, este maravilhoso olho central dos lêmures foi se atrofiando até se transformar em nossa tão misteriosa glândula pineal. Foi na Lemúria que ouve a separação dos sexos e também a origem da palavra, falavam usando apenas vogais (sete vogais mágicas) e depois de muito tempo é que surgiram as consoantes. Nas últimas sub-raças, os Lemurianos se degeneraram assustadoramente transformando-se em miocenos, uma raça de monos progenitores dos pitencoídes atuais.

O Dr. Rudolf Steiner, extraordinário esoterista e pesquisador nos Registros Akáshicos, em sua reveladora obra, Atlântida & Lemúria afirma: "Os lemurianos extraíam sua força do poder da imaginação, a partir daquilo que lhes era imediatamente próximo. Desta, brotava o poder de crescimento, fluindo das plantas e da força vital latente nos animais. Desta maneira chegaram a compreender a Inter-relação e movimentos das plantas e animais. Além do mais, também se saturavam das forças físicas e químicas inerentes às coisas inanimadas. Quando queriam construir não consideravam o peso que podia suportar um tronco de árvore uma rocha, por exemplo, bastava olhar para a sua resistência. Desta forma, foram capazes de construir e fazer instalações sem necessidade de recorrer à arte de engenharia, pois a confiança absoluta na sua própria força de imaginação foi suficiente para enfrentar os problemas".

Nos registros Akáshicos sore a natureza, Rudolf Steiner também relata: "Os lêmures também possuíam o poder de controlar seu corpo até um grau notável. Por exemplo, podiam. Se necessário, fortalecer seu braço com um simples exercício da vontade. Realmente, foram capazes de exercitar a vontade a ponto de levantar enormes pesos, aplicando tal poder (...)".

A BÍBLIA, em diversas partes fala dos gigantes na Terra entre os primeiros homens, certamente estava falando dos Lemurianos: "Havia naqueles dias gigantes na terra... Estes eram os valentes que houve na antiguidade, os varões de fama" (Gênesis, cap. 6, vers. 4).

"(...) e todo homem que vimos no meio dela são homens de grande estatura, também, vimos ali gigantes, filhos de Ana que, descendentes dos gigantes; e eram aos nossos olhos como gafanhotos, e assim também éramos aos seus olhos" (N° cap. 13, vers. 32; 33).

"E Íbis- Benoni, que era filhos dos gigantes..." (Samuel, cap. 22, vers. 16).

Na Ilha da Pascoa, são encontradas gigantescas estátuas denominadas de MOAIS, que foram construídas pelos Lemurianos em suas últimas sub-raças. São de pedras entalhadas, sendo que a parte de cima pesando mais de vinte toneladas é de um tipo de pedra que não é encontrada na ilha.

Em Gargayam, nas Filipinas, encontraram uma ossada de um homem com 5,18 de altura. No Paquistão foi encontrado outro esqueleto humano com 3,35 de altura. Os restos humanos desta natureza são difíceis de encontrar, mas mesmo assim abala e desmascara as estruturas da antropologia materialista e pseudopalenteologia, que afirmam equivocadamente que o homem veio do macaco.

— A Separação Dos Sexos —

Na raça Lemuriana todos os seres eram hermafroditas, isto é, possuíam os dois sexos, eram seres perfeitos, e não repartidos da forma que é hoje em dia eram criaturas sagradas. Observe que as pinturas de seres Iluminados, geralmente são tão perfeitas que não sabemos distinguir se é homem ou mulher, a não ser pelas vestes e pela barba, pois são andróginos, ou criaturas celestiais de planos superiores, pois na Alta Magia o homem sacerdote se une com a mulher sacerdotisa formando um só Ser, estes são os Autênticos Homens Solares. Como dizemos anteriormente, todas as raças produz sete sub-raças, e com a Lemúria aconteceu o mesmo.

A separação de sexos ocorreu na Lemúria, por volta de sua terceira sub-raça. Mesmo assim o sexo era um ritual sagrado em devoção aos deuses e assistido pelos mestres de sabedoria. Ali praticavam a Magia Sexual ou o Grande Arcano de forma mágica e sagrada. Inquestionavelmente os lemurianos evoluíram extraordinariamente, colaborando com o Arquiteto do Universo ou o Criador.

O Dr. Rudolf Steiner, na mesma obra anteriormente citada esclarece sobre o AMOR SEXUAL na Lemúria: "O amor sexual se infundiu no homem como um ato de transferência de pensamento. Devido a estas primitivas condições todas as expressões desta origem foram de qualidade mais pura e nobre. Tudo aquilo que tomou um caráter inferior e desagradável deve-se a época posteriores, depois que o homem se independentizou e arruinou a pureza primitiva de seus desejos.

Naquela época inexistiam intercâmbios sexuais por motivos simplesmente egoístas. A procriação era considerada um dever sagrado, um serviço que o homem devia ao mundo. Os sacerdotes assistiam e regulavam todo o relacionamento com a mesma (...) Os seres eram totalmente sobre-humanos, não experimentando nenhum prazer ou dores do mundo. Estavam completamente absorvidos por aquilo que os mundos espirituais lhes revelavam. A sabedoria fluía até eles como a Luz flui para aqueles que estão dotados dos sentidos físicos".

— A Degeneração Dos Lemurianos —

Os lemurianos não conseguiram se preservar da mesma forma que a primeira raça. E em suas últimas sub-raças involuíram e se degeneraram assustadoramente... Conheceram os prazeres materiais e se misturam com as bestas. Deixaram de praticar a magia sexual e seus descendentes foram tornando-se animais monstruosos nascidos do pecado. Seus corpos foram reduzindo de tamanho e suas mentes foram-se atrofiando... Involuíram tanto que se transformaram em miocenos, uma raça de monos progenitores dos pitencoídes atuais (macacos).

O V.M. Samael Aun Weor, em sua obra intitulada "A

revolução de bel", cap. XI, afirma o seguinte: "Os homens da época polar e da época hiperbórea e princípios da época lemuriana, eram hermafroditas e se reproduziam como se reproduzem os micróbios hermafroditas. Nos primeiros tempos da Lemúria a espécie humana quase não se distinguia das espécies animais, porém através de 150.000 anos de evolução chegaram os lêmures a um grau de civilização tão grandioso que nós, os ários, estamos, todavia muito longe de alcançar.

"Essa era a idade do Ouro; essa era a idade dos Titãs. Esses foram os tempos deliciosos da Arcádia. Os tempos em que não existiam nem o meu e nem o teu, porque tudo era de todos. Esses foram os tempos em que os rios manavam leite e mel".

"A imaginação dos homens era um espelho inefável onde se refletia solenemente o panorama dos céus estrelados de urânia. O homem sabia que sua vida era a vida dos Deuses e sabia tanger a lira que estremecia os âmbitos divinos com suas deliciosas melodias. O artista que manejava o cinzel inspirava-se na sabedoria eterna e dava às suas delicadas esculturas a terrível majestade de Deus".

"Oh! Época dos titãs, a época em que os rios manavam leite e mel! Os lêmures foram de grandes estatura e tinham ampla fronte. Usavam simbólica túnicas, brancas na frente e negras atrás. Tiveram naves voadoras e carros propulsionados por energia atômica. Iluminavam-se com a energia nuclear e chegaram a um altíssimo grau de cultura".

"Esses eram os tempos da Arcádia. O homem sabia escutar, entre as vogais da natureza, a voz dos deuses. Essas sete vogais são: I-E-O-U-A-M-S, que ressoavam no corpo dos lêmures com toda música inefável dos compassados ritmos do fogo". (Até aqui as palavras do Mestre Samael Aun Weor).

— O Triste Fim Da Raça Lemuriana —

O continente Mu ou Lemúria foi destruído por gigantescos terremotos, acompanhados de vendavais, tempestades e erupções vulcânicas. Suas terras foram afundando enquanto toda a sua civilização ia morrendo desesperadas e agonizadas pelo sofrimento e pela fome... Além da Austrália, Ilha da Páscoa e costa do Chile, também o Camboja, juntamente com o Japão, Indochina, pedaços do México, etc... São partes de terras da Lemúria. Inclusive o idioma chinês é lemuriano e até os dias de hoje o Japão sofre com terremotos, vendavais etc... Enquanto o Continente Mu ia afundando nas águas do Oceano Pacífico, novas terras se elevavam no Oceano Atlântico, para a formação da próxima grande raça Atlânte que se formaria em seguida com os poucos sobreviventes seletos da Lemúria.

_____ × _____

Dessa forma, se analisarmos **O Ovo e a Galinha** a partir desses conceitos teosóficos encontraremos muitas justificativas, que vão além de meras coincidências, e expliquem por que Clarice repetia sempre, inclusive até mesmo na sua última entrevista em vida, que: "O ovo e a galinha é misterioso mesmo para mim, e tem uma simbologia secreta. O conto mais hermético, mais incompreensível e, ao mesmo tempo, compreensível, envolvente". Destacam-se abaixo, apenas alguns trechos do conto, em perfeita confluência com a Teosofia.

De manhã na cozinha sobre a mesa vejo o ovo. Olho o ovo com um só olhar. Imediatamente percebo que não se pode estar vendo um ovo. **Ver o ovo nunca se mantêm no presente: mal vejo um ovo e já se torna ter visto o ovo há três milênios.** – No próprio instante de se ver o ovo ele é a lembrança de um ovo. – Só vê o ovo quem já o tiver visto.

– **Quando eu era antiga** fui depositária do ovo e caminhei de leve para não entornar o silêncio do ovo.

Quando morri, tiraram de mim o ovo com cuidado. Ainda estava vivo. – **Só quem visse o mundo veria o ovo.** Como o mundo o ovo é óbvio.

O ovo não existe mais. Como a luz de uma estrela já morta, o ovo propriamente dito não existe mais.

Ao ovo dedico a Nação Chinesa.

Tomo o maior cuidado de não entendê-lo. Sendo impossível

entendê-lo, sei que se eu o entender é porque estou errando. Entender é a prova do erro. Entendê-lo não é o modo de vê-lo. – Jamais pensar no ovo é um modo de tê-lo visto. – Será que sei do ovo? É quase certo que sei. Assim: existo, logo sei. – O que eu não sei do ovo é o que realmente importa.

Eu te amo como uma coisa nem sequer sabe que ama outra coisa. – Não toco nele. A aura de meus dedos é que vê o ovo. Não toco nele – Mas dedicar-me à visão do ovo seria morrer para a vida mundana, e eu preciso da gema e da clara.

De repente olho o ovo na cozinha e vejo nele a comida. Não o reconheço, e meu coração bate. A metamorfose está se fazendo em mim: começo a não poder mais enxergar o ovo. Fora de cada ovo particular, fora de cada ovo que se come, o ovo não existe. Já não consigo mais crer num ovo. Estou cada vez mais sem força de acreditar, estou morrendo, adeus, olhei demais um ovo e ele me foi adormecendo.

É deste modo indireto que me ofereço à existência do ovo: meu sacrifício é reduzir-me à minha própria vida pessoal. Fiz do meu prazer e da minha dor o meu destino disfarçado. E ter apenas a própria vida é, para quem viu o ovo, um sacrifício. Como aqueles que, no convento, varrem o chão e lavam a roupa, servindo sem a glória de função maior, meu trabalho é o de viver os meus prazeres e as minhas dores. É necessário que eu tenha a modéstia de viver.

Faço parte da maçonaria dos que viram uma vez o ovo e o renegam como forma de protegê-lo. Somos os que se abstêm de destruir, e nisso se consomem. Nós, agentes disfarçados e distribuídos pelas funções menos reveladoras, nós às vezes nos reconhecemos.

Esses casos extremos de morte não são por crueldade. É que há um trabalho, digamos cósmico, a ser feito, e os casos individuais infelizmente não podem ser levados em consideração. Para os que sucumbem e se tornam individuais é que existem as instituições, a caridade, a compreensão que não discrimina motivos, a nossa vida humana enfim.

O que me revela que talvez eu seja um agente é a idéia de que meu destino me ultrapassa: pelo menos isso eles tiveram mesmo que me deixar adivinhar, eu era daqueles que fariam mal o trabalho se ao menos não adivinhassem um pouco; fizeram-me esquecer o que me deixaram adivinhar, mas vagamente ficou-me a noção de que meu destino me ultrapassa, e de que sou instrumento do trabalho deles.

Mas e o ovo? Este é um dos subterfúgios deles: enquanto eu falava sobre o ovo, eu tinha esquecido do ovo. "Falai, falai", instruíram-me eles. E o ovo fica inteiramente protegido por tantas palavras. Falai muito, é uma das instruções, estou tão cansada.

Por devoção ao ovo, eu o esqueci. Meu necessário

esquecimento. Meu interesseiro esquecimento. Pois o ovo é um esquivo. Diante de minha adoração possessiva ele poderia retrair-se e nunca mais voltar. Mas se ele for esquecido. Se eu fizer o sacrifício de esquecê-lo. Se o ovo for impossível. Então – livre, delicado, sem mensagem alguma para mim – talvez uma vez ainda ele se locomova do espaço até esta janela que desde sempre deixei aberta. E de madrugada baixe no nosso edifício. Sereno até a cozinha. Iluminando-a de minha palidez.

Sobre o Autor

Marcus Deminco (Salvador-BA. 28/Set/76). Escritor e Psicólogo brasileiro. Doutor Honoris Causa em Transtorno do Déficit de Atenção com Hiperatividade (TDAH) *Practitioner* e Tutor de Programação Neurolinguística (PNL); autor de artigos científicos no Portal dos Psicólogos (O maior Site sobre Psicologia em Portugal). Além de ser dono de diversas frases — textos e pensamentos compartilhados em sites e redes sociais — Marcus Deminco também é autor dos Livros:

1. EU & MEU AMIGO DDA – Autobiografia de um Portador do Distúrbio do Déficit de Atenção.
2. O Segredo de Clarice Lispector. (Portuguese Edition)
3. The Secret of Clarice Lispector (English Edition)
4. El Secreto de Clarice Lispector (Spanish Edition)
5. VERTYGO – O Suicídio de Lukas (Portuguese Edition)
6. VERTYGO – The Suicide of Lukas. (English Edition)
7. Helen Palmer – Uma Sombra de Clarice Lispector (Portuguese Edition)
8. Helen Palmer — A Shadow of Clarice Lispector (English Edition)
9. Transtorno Bipolar — Aspectos Gerais (Portuguese Edition)
10. Bipolar Disorder — General Aspects (English Edition)
11. Programação Neurolinguística – Começando pelo começo (Portuguese Edition)
12. Neuro-Linguistic Programming — Beginning by the Beginning (English Edition)
13. Mensagens para Postar, Curtir & Compartilhar. Vol. 1

14. Mensagens para Postar, Curtir & Compartilhar. Vol. 2
15. Mensagens para Postar, Curtir & Compartilhar. Vol. 3
16. Coleção de textos em E-Cards. Vol. 1
17. Coleção de Textos em E-Cards. Vol. 2
18. Compilação de Textos & Contos Reflexivos (Portuguese Edition)

Prêmios & Homenagens

a) Autor do texto Estafeta Sem Rumo do Prêmio Cecílio Barros Pessoa de Antologia – Academia Cabista de Letras, Artes e Ciências de Arraial do Cabo – RJ.

b) Doutor Honoris Causa em TDA/H pela *Brazilian Association of Psychosomatic Medicine* em reconhecimento a contribuição científica e relevância social do livro: Eu & Meu Amigo DDA - Autobiografia de um Portador do Distúrbio do Déficit de Atenção.

c) Um dos vencedores do Prêmio: Além da Terra, Além do Céu de poesia contemporânea – Editora Chiado (Portugal).

d) Um dos Selecionados no Concurso Nacional de Novos Poetas — Sarau Brasil 2018 com o Texto "A Atormentação Criadora" — realizado pela Vivara Editora Nacional.

Fale com Marcus Deminco

E-mail: marcusdeminco@gmail.com
Website: http://marcusdeminco.com/
Blog: http://marcusdeminco.blogspot.com.br/
Twitter: https://twitter.com/marcusdeminco
Facebook: https://www.facebook.com/marcus.deminco
Pinterest: https://www.pinterest.com/marcusdeminco/
Instagram: @marcusdeminco
Youtube: https://www.youtube.com/channel/UCRu8yfSoLewjuX6GO6o7Nmw
Tumblr: http://deminco.tumblr.com/
Flickr: https://www.flickr.com/photos/143729713@N06/with/28004881736/
GoodReads: https://www.goodreads.com/author/show/7792932.Marcus_Deminco/
Pensador: https://pensador.uol.com.br/autor/marcus_deminco/

CRÉDITOS

Formatação, Diagramação & Conversão para e-book

Marlon Bellator

md.bellator@gmail.com

Criação de Capa

Erick Cerqueira (Marketing & Design)

http://esc3d.com.br

www.ingramcontent.com/pod-product-compliance
Lightning Source LLC
Chambersburg PA
CBHW021125020426
42331CB00005B/634

* 9 7 8 1 3 7 0 4 0 9 3 2 7 *